徹底反復で子どもを鍛える

陰山英男
kageyama hideo
徹底反復研究会
tettei hanpuku kenkyūkai

中村堂

はじめに

徹底反復研究会　代表
陰山英男

○基礎基本の力によって築き上げられていく個別の学習

今、教育の世界では、アクティブ・ラーニングという言葉が多く語られています。基礎的基本的な学習がおざなりなまま、アクティブ・ラーニングという海外からの言葉が流行するため、対話的で深い学びというような、違った言い方もされています。いずれにせよ、そこで強調されているのは、対話や討論であると言われています。

そうした中、ゆとり教育批判の中にあったような不安を感じています。

英語教育を語る時、ある方がこんなことを言っていました。

「国際的なビジネスマンにとって一番重要な人間は、英語ができて仕事もできる人間です。一方、もっとも問題なのは、仕事もできないが英語もできない人間ではない。仕事ができないのに英語ができる人間。これがもっとも危険な人間なのです。なぜなら、中身のないことを言い散らかし、様々な問題を引き起こしてしまうからです」

また、海外に出ると、日本人はとても控えめでそれが問題だと言われていますが、国際的ビジネ

スで活躍した人は、

「海外の若者が、さして実績も実力もないにも関わらず、ただハイハイと手を挙げ、やる気を見せる姿にうんざりしてしまう」

と言っていました。

つまり、対話や討論をする学習のベースには、深い学びが必要であると強調されているのです。

では、深い学びとは一体何なのか。私は、基礎基本が鍛えられ、まず個人の学びがしっかりと確立されているということが重要だと考えています。

こうした課題意識は意外なことに、文部科学省の担当者もよく理解をしていて、

「ゆとり教育批判をきっかけとして、ようやく定着し始めた基礎基本が、アクティブ・ラーニングの流行によって崩れるのではないか。そのためには、アクティブ・ラーニングという言葉を一度リセットした方がよい」

と話されていました。

では、対話や討論が重視される意味は、一体何なのでしょうか。また、対話や討論が、思考力との絡みの中で議論されるのは一体どうしてでしょうか。私はそこに、思考力というものに対する、自分なりの理解を一つもっています。

それは、思考力の本質は、思い出し能力であるということです。

日本の教育がなぜ、対話や討論を重視してこなかったかと言うと、教育の効果をはかる指標がペーパーテストであったからではないでしょうか。

ペーパーテストは、予め告知された内容や範囲で作成されていて、出題範囲をいかに効率的に覚え、一定の時間内に解答していくかというものです。

しかし、予め告知された問題に答えるというのでは、そもそも正解のない問題ばかりが問われる現代や今後の社会においては、その学習スタイルそのものが時代に合わなくなったとされています。そのために、ペーパーテストであっても、個々人の考え方を表現していく筆記テストが提起されているのです。文章を書くとなれば、自分自身の考えていることを構成し、それを文章化し、表現をしなければなりません。

確かに、覚えたことをただ単に書くのとは、全く違った能力が必要とされてきます。これが、討論の学習となってくれば、問題はさらにハイレベルになってきます。対話や討論は、大きな課題があり、それに対して想定していなかった意見を他者がどんどん声に出して表現していきます。まず、討論や対話に参加しようと思えば、瞬時に自分の言いたいことをまとめ、構成し、そしてそれを言葉にして話さなければなりません。記述式に比べて、対話や討論という問題形式は、考える時間がそう多くは与えられていないという点でも、非常に高度な学習形態と言っていいと思います。ただ、問題に対する明確な正解はないので、それぞれの個人が表現した文章や言葉がどのようなものであれ、許容されるという側面があります。従来のテストの延長であるとするならば、単なる記述式の問題であったり、口頭試問であればいいわけですから、今求められている対話や討論の学習とは違うものです。

しかし、この正解がないということは、一つ間違えれば何でもいいということになり、そこに表現された考え方が、レベルの高いものであるのか、低いものであるのか、本当はそうしたことが評価されなければなりませんが、何をもってそれらのレベルを評価するのか、非常に難しいものになってきます。

まさしく私が、対話や討論の授業において危惧する点はそこにあります。しっかりと考えられ、土台が固められた意見を書いたり述べたりするには、その準備段階での学習が非常に重要であり、そこの高度化が求められていると思います。

そうしたことが理解されることなく、表面的な対話や討論、記述問題で学力が高められるというものではないことは明らかでしょう。もしそうした表面的な学習方法が強調されていけば、中身のないことをとうとうと述べたり、論文化したりする人間が増え、社会の混乱のもとになっていくのではないでしょうか。

では、この主体的な学習が、本当に望まれるものとして進んでいくためには、一体何が必要でしょうか。私は、それこそが基礎基本の力によって築きあげられていく個別の学習であり、人と対話するまでに、まず自らの考えをきちんと構築し、論理の破たんがなく、きちんとそれを説明していく能力だろうと思います。そうした能力は、基礎基本の学習によって構築され、確立されていくのだと思うのです。

○教育界の旧来の指導方法を打ち破る徹底反復学習

私は、徹底反復学習を突き詰め、子どもの学力の向上を引き出そうと、何10年も努力をしてきたつもりでした。

しかし、自分の教室を離れ、いろいろな場面で子どもたちを指導する中で、私が従来考えていた教育の常識というものは、先入観にとらわれた、極めて効率の悪い学習方法であるということに気が付くようになったのです。

それは、徹底反復学習以外の指導のみならず、自らが考え出した指導の中にさえ、これがいいと思っていたものが単なる思い込みであり、子どもたちをまだまだ伸ばす方法があると強く感じるようになってきました。

例えば、漢字の習得です。あまりにも初歩的な学習ですが、そこに私は漢字の前倒し学習という荒業を提起し、従来の漢字学習の問題点を指摘し、徹底反復による新しい学習方法を提起してきました。

しかし最近気が付いたのは、まだ足りなかったということです。

従来の徹底反復学習は、1年分の漢字をゴールデンウィーク前までに教えてしまい、夏休み前までにそれらを書けるようにし、そして秋には、その漢字を使った熟語を覚えさせる指導をしていました。この学習を一度導入すれば、その翌年には、ゴールデンウィーク前に教えただけで、ほとんどの子どもが8割以上書けるようになります。そうなるのは、1年間の指導の中で、子どもの頭の中に漢字を覚える回路ができるからだと理解していました。

しかし、そこには大きな誤りがあったのです。

子どもたちは、一度に10個程度の新出漢字を教わっても、その瞬間に覚えることができるということが分かったのです。しかも、その方法は、驚くほどに簡単なものです。

まず、従来通り、新出漢字を教えます。正直に言うと、教える必要もないと思います。子どもたちに、漢字を習得するのに適切な教材を渡し、自分で覚えるという構えをもたせ、2、3回書かせれば、子どもは漢字を覚えます。ですから、新出漢字を教えた直後には、2分程度自主的な学習時間を与え、その後、テストを行えばいいのです。それで子どもたちは覚えてしまいます。

従来の方法は、新出漢字を教え、その日の宿題で100字程度の書き取りをし、翌日にテストをするというものでした。実は、ここに大きな欠陥があったのです。

子どもがもっとも漢字を楽に覚えることができる瞬間。それは、最初に新出漢字を学んだときです。しかし、子どもたちが、「最初に学んだときは覚えられないが、宿題で何度も書けば覚えられる」と思ってしまったら、どうなるでしょう。子どもは何も考えず、作業として何回か漢字を書くだけです。そして、家で宿題をやるとき、関心を失った状態で漢字を書くことは苦痛な作業でしかなく、多く書かせれば書かせるほど、でたらめを書くようになり、覚えられなくなっていったのです。

一方、教えた直後に2分間の練習をしてテストをするということは、短時間に覚えるという意識を強烈に発揮しなければなりません。そのことにより、子どもは瞬間に漢字を覚えられると分かったのです。漢字を書く回数は一切指示せず、「明日、宿題と同じテストをするから、テストに合格するように練習してきなさい」と言えば、書く量はともかく、集中して覚えられるようになったのです。そうした指導法に気が付いたのは、つい最近のことです。

この指導法で子どもを伸ばし始めれば、従来の、子どもに何度も同じ漢字を書かせる方法は効果がないどころか、覚えようとする意識をそいでしまう点で、やらせてはいけない指導だと思えてきたのです。

百ます計算を例にとってみても、百ます計算が世に広まり始めたときは、子どもの計算タイムを計るなんて極悪の指導のように言われていましたが、いったん子どもが伸び始めれば、教師でなくとも、普通の母親たちが、わずか1か月少々の間で子どもの計算力や成績を高めることに成功しているのです。学校教育の学習方法が、教師社会の狭い社会の中で、岩盤のごとく効率の悪い方法で固められてしまい、今日まで変わらぬまま続けられてきたのです。

その結果、本来伸びるはずの子どもたちも伸びないままで、成績が上がらないのは自分の努力不足だと思い込み、自己肯定感のひ弱な大人になってしまっているのではないでしょうか。

そうした点では、徹底反復学習は、教育界の旧来の指導方法を打ち破り、真に子どもの成長の未来を切り開くものであると言っていいでしょう。

○知的好奇心そのものが集中力のあらわれ

私が追求してきた徹底反復学習が、その方向性を大きく転換させる瞬間がありました。

それは、子どもたちの勉強のために集中力を高めようと思っていたのですが、実は逆で、集中力を高めるために勉強は存在するという発想の大転換を行ったときでした。それに気が付いたとき、岸本裕史先生がいつも言っておられた、「集中力が高まれば、それでいいんだ」という言葉が、鮮やかに心の中によみがえってきたのを覚えています。

このことで、ダラダラと漢字や計算をやっていた子が、伸びないばかりでなく、勉強しているのに成績が下がってしまうことを理解できるようになったのです。

とするのならば、集中力が高まらないような学習方法は、実は学習ではない。むしろ、努力の結果が反対の結果を招いてしまうので、子どもたちから意欲や肯定感というものが失われるということが、はっきりと分かるようになったのです。

集中するためには、手段を選ばない。確かに、数字の並びを変えずに百ます計算をさせるというのは、まさしくそのものでした。

計算としては、1回1回数字を変えたものをさせる方がいいかもしれませんが、それでは子どもは集中することはできません。一つ一つの計算に困難を感じ、唸らなければならないのです。ですので、子どもにとって困難を感じる問題は避けなければならない学習であり、難しい問題を時間をかけてしなければならないという思い込みが世の中にはありますが、そうではないのです。

簡単でもいい、それを高速に繰り返すことで集中が高まってくるのならば、それは極めて効果的な学習になっていきます。仮に難しい問題にするにせよ、1回目は時間がかかっても、同じ問題を繰り返せば、子どもは集中できるようになってきます。

現場時代、かなり高度な問題をやらせていましたが、当然、1度目はよい点はとることはなかったのですが、2回、3回と繰り返すうち、その内容を理解し、集中して取り組むことができました。徹底反復学習は、そうした子どもたちの負担を下げながら、学力を高める方向性を示唆したのです。一方、分からない問題も出てきました。それは、算数パズルなどを時間をかけて取り組んだり、社会のフィールドワークや理科の実験でワイワイ騒ぎながら学習すること。実はこうしたことも学力を伸ばす上で非常に重要で効果的なのです。

私は、反復学習で集中することと、目新しいことで学習の成果があがることと、この矛盾をどう理解するか、それを考えたのです。

そしてそのとき、ふと思ったのです。知的好奇心そのものが、集中力のあらわれであると。日本人は、集中するというとき、何か黙って一つの作業をしている様子、これを集中と考えがちです。しかし、「ああでもない、こうでもない」とワイワイ言いながら学習にのめり込む姿、それこそが集中ではないか。

黙って解けない問題をじっと見ている子どもの姿をよく見ます。考えてみると、あれは単に難しい問題で、頭も心も固まってしまっているだけで、とても集中しているとは言えません。しかし、黙って一つのことに取り組むことが集中することだと、私たちは錯覚をしていたのです。そう考えると、集中は、一つの感情に突き動かされて出てくるものです。その感情とは何か。それが、面白いとか楽しいとか心地よいとか、そういうポジティブな感情だったのです。

そう考えると、日本の学習は、意図的に高い目標を立て、その成功のために歯を食いしばって頑張ることが称賛されていますが、その努力スタイルは、決して人間の成長を促すというものにはならないのではないでしょうか。このときも岸本先生が、「勉強は、心地よくさせることが成長のきもだ」と言っておられたことが思い出されました。

ワイワイと楽しみながら学習活動を展開する。従来はそれを集中ではないと思っていたのですが、まさしく集中の姿がそれだったのです。

さらに、そこからもう一つ分かってきました。

集中力は、子どもたちが精神的にも支えられ、リラックスした状態の中で、自分から学習に向かう気持ちが生まれてこそ、最大限発揮されると分かってきたのです。

ちょうどその頃、仕事でロンドン五輪のメダリストを連続して取材することがありました。このとき分かったのは、未来のために今を我慢するというスタイルではなく、練習でも本番でも、この一瞬を楽しもうとしているアスリートこそ、爆発的な集中を生み出していることに気が付いたのです。もちろん、未来の成功のために今を我慢する。そうしたことで集中につなげていくことは、なくはないと思います。けれども重要なのは、そのことで未来の自分が報われていくという肯定的な想いがなければ、今の困難を超えて練習しようとは思わないでしょう。

重要なのは、明るく楽しく、今を頑張ることで、一瞬たりともその成功を疑わない、そういう構えこそが、子どもたちの集中を生み出すということです。そう考えれば、近年の学校は、夜遅くまで教職員が学校に残っています。これは、決して好ましいことではありません。

教職員の健康の問題以前に、子どもを伸ばさない点で問題なのです。明るく、楽しく、無理なく明るい未来を信じることができる。そうした環境こそが、学校や家庭にとって必要なのであり、未来のために今の苦悩を我慢することは、ずっと苦悩し続けることの道筋でもあるように思うのです。

○徹底反復学習のさらなる発展

徹底反復学習は、こうした子どもの集中をいかに生み出すかという、ただ1点の目標に向かい、大きく指導方法の転換を促してきました。その結果、驚くような事実が生まれてきました。

それは、福岡県の飯塚市や鞍手町の西川小学校で分かったように、子どもたちは集中することを覚えれば、短期間に劇的に成長し始め、驚く大人を見ながら、自己肯定感を高めていきました。

そしてさらに驚くべきは、一度には劇的に変わりませんが、その後、数年に渡って子どもたちを伸ばし続け、徹底反復学習の継続によって、他の方法には見られないような、高度な成長を実現させることが可能になってきたのです。

あまりにも、従来の指導法や、今提起されている学習方法からかけ離れた指導と理解され、もう一つ普及が進まなかった徹底反復学習ではありますが、実は、アクティブ・ラーニングの時代を底辺から進めていく意味においても、もっとも未来を切り開く指導法として、今注目され始めてきました。

私自身、一定の経験を経て、一定の指導法の完成をさせたつもりでしたが、多くの指導の現場で、新しいことが続々と分かってきています。

たどりついたところがゴールではなく、スタート地点であった。勉強とは集中する練習である。ここから徹底反復学習は、さらなる発展をとげ、子どもたちの指導に新たな可能性をつけ加えてくれると思っています。

もくじ

第1章

学校の現状を考える

学級崩壊
子どもの現状と課題
いじめ
子ども、学校、地域、家庭の変化
全国学力・学習状況調査

第1章

学校の現状を考える

学級崩壊①

徹底反復研究会　代表
陰山英男

○学級崩壊を考える

学級崩壊は、理由がどこから出発するにせよ、最終的には、学級担任の指導が子どもたちに行き届かなくなった状態で起こるものです。ですから、担任のところで学級崩壊を止めることは、ある程度可能になってきます。

かつて、私が大阪府の教育委員として学校視察をしているとき、いくつかの学級が崩壊しかけているのではないかと感じました。校長に指摘すると、「さっと見て回っただけで、そんなことが分かるのですか?」と驚くのですが、実ははっきりとした理由があります。それは、学級担任の目線です。目線を見ていると、学級崩壊を起こしそうな先生の視線は子どもたちからそれ、やたら資料を見たり、関係のない方を見たりすることが多いのです。とりわけ視線が下がるようになってくれば、それを見透かしたように、子どもたちが自分勝手な行動をとり始めます。

低学年は、子どもが自己中心的であり、集団の中で自分がすべきことが自覚できないところから、勝手な行動が起きてきます。ですから、早い段階から集団行動をしつけることが大切になってきます。しかし、ゆとり教育の時代は、子どもの自主性を尊重しようということが強調され、子どもたちの集団的な行動をしつけることが難しくなっていきました。

また、保護者が子ども中心の考え方をするようになり、担任がしかるべき行動をとるように指導しようとすると、クレームをつけることもあります。こういう場合は、学校をあげて、集団の中での行動をある程度しつけるということをしていかなくてはいけません。

ただ高学年になってくると、状態はさらに悪化する場合があります。というのは、意図的に学校秩序を壊そうとする子どもが出てくるからです。授業が面白くない、家庭内で面白くないことがある。こうした子どもは、きちんと授業を受けることをつまらなく感じ、意図的に学級を悪い方向に導こうとするのです。この場合は、学級集団に対するリーダー性を児童に委ねるのか、それとも担任がもつのかがポイントになってきます。予めやるべきことを明らかにし、その中で一人ひとりをきちんと指導していくことで、全体のまとまりが出てきます。

また、子どもをきちんとサポートするために、休憩時間には子どもたちと一緒に遊び、集団の中で何が起きているのかを観察しながら、よりよい方向に導いていくことも必要になってきます。

いずれにしても、教師の側が、「子どもたちをこのように導きたい」というはっきりとした意思をもち、子どもを動かしていくことが重要です。全てを子どもの自主性に委ね、学級全体の秩序を子どもに委ねた瞬間に、様々な問題が起きてくるのだと考えておく必要があります。

第1章

学校の現状を考える

学級崩壊②

徹底反復研究会　事務局長
山崎敬史

○今の子どもたち

授業が始まって―「先生、教科書忘れました」⬇私「…それで？」。休み時間に―「先生、○○ってしてもいいんですか？」⬇私「君はどう思うの？」。指示を出し、周りが活動している中で―「今、何をするんですか？」⬇私「さっき説明したけど。周りに聞いてみれば？」。給食時間に―「もう一回おかわりしていいですか？」⬇私「先生じゃなくて、他にもしたいと思っている人と相談したら？」。

今年も4月にこんな会話をたくさん交わしました。ちなみに5年生で、質問してくるのはごくごく普通の子たちです。しかも、一度聞いているはずのことを、別の子が同じ質問をしてきます。今の子どもたちは高学年であっても、一対一の対応を求めてくることが多いように思います。自分が「答え」をもらえないと安心できない傾向も見られます。また、質問するのはまず先生で、周りの仲間に相談するなど、横のつながりを苦手としているようにも見えます。何より、「～だから、自分はこうしたらいいと思うが」という、状況を見て判断ができる（判断をする）子が少ないです。

以前、私はそうした「質問」に対して、一つ一つ答えていました。どこか意識の中に、子どもたちに判断を任せてトラブルになることが怖かったからということもあったのでしょう。しかし、そのことでクラスが伸びたと感じることはありませんでした。また、その時によって、「答え」が前と違う（一貫していない）ことも多々ありました。そして、そのことに疲れや苛立ちを感じることがよくありました。今は「アカンことはアカン！」という指導はしますが、それ以外は意図的に、冒頭のようなやり取りを心がけています。

○学級崩壊を乗り越える第一歩―集団で目標を共有できる活動を仕組む

ただ、それだけでクラスが伸びたと感じることがなかったのも事実です。今、見聞きする学級崩壊は、クラスが集団としてバラバラであることが主な原因であるように感じています。だからこそ、集団で目標を共有できる活動を仕組むことが大切ではないでしょうか。

初めて6年生を担任した年のことです。前半は、意識して数多くの活動を行いました。具体的には「チャイム着席」、「当番活動」、「そうじ」、「給食残飯ゼロ」などの取り組みです。取り組む課題は、子どもたちから出させました。期間と目標を定め、目標が達成できたら子どもたちが喜ぶ「お祝い」もしました。チャイム着席、当番活動、そうじ、給食残飯ゼロなどは、クラスの取り組みにしなくても、当たり前のようにさせておられる先生も多いと思います。それほど難しくない課題かもしれません。そして、「お祝い」は動機付けです。「みんなで目標を共有すること」、そして、「達成したら、みんなで喜ぶこと」を大切にしました。

○トラブルは対話のチャンス

当然、取り組みの中でトラブルは起こりました。「○○がちゃんとやってくれない」、「注意したら逆ギレされた」。相談されるごとに、私が直接指導するのではなく、取り組みを引っ張るリーダーたちを交えての対話を心がけました。「○○は注意するより、こうした方がちゃんとやってくれるんちゃう？」。最初はしゃしゃり出て指導したい気持ちを抑えて、私がアドバイスをすることもありましたが、段々と子どもたち同士でクラスの仲間のことを相談し合うようになりました。そして、取り組みを重ねるにつれて、最初は多かったトラブル自体が減っていきました。

○自治に向かって

当初、子どもたちは「クラスをよくすること」より、ムニュムニュ星人作りや、たこ焼きパーティーなど、「お祝い」が目的で活動に取り組んでいた部分が大きかったと思います。そして、当初は取り組み自体も私が引っ張っていました。

しかし、1年の後半になるにつれて、子どもたちからの発案が増えていきました。2学期末のお楽しみ会、子どもたちが自分で考えた出し物は「当たり前体操クラスバージョン」、「ショートコント（先生のモノマネ入り）」、「私は誰でしょう？（自分たちの幼少期の写真を見せて誰か当てるクイズ）」など。集団で共有できる話題、集団で楽しみを共有できるものが中心となっていました。

3学期、それまでは控えめで大人しかった子がクラスリーダーに立候補しました。それを見て、それまでクラスを引っ張っていたリーダーたちは立候補を辞退し、譲りました。2月の最後の参観では、子どもたちの発案で、「クラスの1年間」という劇を行いました。締めは「最後のチャイム」の合唱です。参観された保護者の方々は涙を流して喜んでくださいました。内容的にはグダグダなところも多かったですが…。クラス替え直後の4月当初は「自分の世界」をもった個の集まりだったのが、この頃には「自分『たち』の世界」を創っていく集団に伸びていっていると実感することができました。

実際には試行錯誤の連続の1年でした。しかし、子どもたちが見せてくれた伸び・可能性は、私自身のぼんやりしていた課題意識を明確にしてくれました。何より、とても楽しい1年間でした。これから先の教師人生、きっと忘れることがないくらいに印象に残るだろうと感じています。

○個を伸ばすことも大切―漢字前倒し指導の有効性

ここに書かせていただいたことは、集団づくり的な要素が中心ですが、授業でも「集団での学び」に取り組みました。それが有効に機能し出したのは、集団の高まりと個の伸びがクロスした時でした。個の伸びを実感したのは、漢字の習熟度です。漢字前倒し指導を通して、どの子も習熟度が飛躍的に伸びました。学力的な伸びはもちろん、一人ひとりが自分に自信をもてるようになったことが、実践を支えてくれたと感じています。

第1章

学校の現状を考える

子どもの現状と課題①

徹底反復研究会　事務局長
山崎敬史

○目の前で起こっていること

「さようなら」の号令とともに、一目散に下校していく日常、「今日遊べる?」こんな会話が交わされるのは、家庭訪問や懇談期間中など、下校時間が早くなる時のみ。特に月曜日の朝は疲れ切っていてどんよりスタート。今、目の前で起こっていることです。学習塾に英会話スクール、習字にピアノにサッカー、バスケ、野球にダンス、水泳、スケート…子どもたちの多くは、平日、休日ともに習いごとに追われているようです。

「お前のＩＤ教えて。俺のＩＤは…。○時から△時はいける?」休み時間の子どもたちの会話（それとなく聞いています）。今、目の前で起こっていることです。どうやらオンラインゲームのＩＤを交換しているようです。そして、一緒に「遊ぶ」時間帯を決めているようです。

「何をやったらいいんですか?」近くにいる友達ではなく、教師に聞いてきます。しかも、一度説明した後です。目の前でけんかが起きました。近くの子たちは、それが目に入らないのか、自分たちのおしゃべりに夢中で、気付くそぶりがありません（本当は気付いているはずですが）。今、目の前で起こっていることです。

教師生活をスタートさせて5年目。基本的には、日々を楽しんでいます。しかし、このような、私が子どもの頃には考えられなかった現状が目の前に存在していることに、戸惑いを覚えています。要因は数を挙げればきりがないでしょうが、一番の戸惑いは、子ども同士の関わりがとても薄くなっているということです。それと同時に、子どもたちに精神的な幼さを強く感じます。

小学校の高学年ともなれば、発達的に親（大人）よりも同等の仲間を大切にし始める時期であると学んだように思います。だから、善悪は別として、仲間内で秘密を共有し合ったり、大人の目を盗んで悪さをはたらいたりするのでしょう。私もそうしてきました。しかし、今担任している子たちも、当初は些細なことで「先生、○○が…」といった『チクリ』をよくしてきていました。その子を貶めようという悪意は感じられません。本気で解決を委ねてきます。まるで、低学年児童のようです。中学校の先生からも「子どもが幼い」という嘆きを聞きました。そして、「まるでギャングエイジのようだ」とも付け加えられました。

冒頭で述べたようなことは、家庭が個別化していく中で、地域社会のつながりの薄まりの裏返しだと感じています。その地域社会のつながりの薄さは、子どもから様々な関わり・体験を奪っていっているのではないでしょうか。子どもが子どもの中で育っているのではなく、大人の中で育っているように思います。そして、この傾向はこれからさらに強まっていくでしょう。そうした現状の中で、規則や時間を守らせる前提の上で成り立っている学校も、在り方を問われてくるでしょう。そんなことを考えながら、日々の実践に取り組んでいます。

○子ども同士を『関わらせる』

具体的には、日々の生活の中で、集団が関わる活動を行います。基本的な活動基盤は班です。手紙係や配り係、窓開け・窓閉め係など、クラスで生活していく上で必要な仕事は、班ごとに輪番で分担します。そうじもクラスに割り当てられている場所を班ごとに分担します。それらを点検・管理するのは日直の仕事です。日直も、当番の仕事と同様、班ごとの輪番です。そして、仕事の中身はきっちりと決めますが、活動のルールは、「みんなで協力しよう」くらいで、細かくは決めません。

4月当初、それでも大半の子どもたちは『まじめに』仕事を行います。そして、時が経つにつれて、少しずつ『いい加減に』なっていきます。当初の『まじめな』姿は新しい集団の中での緊張した姿、『いい加減に』になってくることは、集団に慣れ、自分を出すことができ始めたバロメーターとして見ることにしています。それと同時に、活動を引っ張る各班の班長は、うまくいかなくなってきた現状に、思い悩むようになります。

そこで行うのが、班長会です。活動で起こっている悩みを共有し、打開策を探します。必要なルールを提起したり、個の問題であればその対応を話し合ったり、必要に応じて新しい取り組みをクラスに提起したりと、内容は様々です。教師の役割は、あくまでコーディネーターです。自分たちで話し合うことで、いろいろな意味で教師に向いていた目が、集団に向いていきます。そして、「自分はどうしたいか」から、「自分『たち』はどうしたいか」という目線をもち始めます。

育ちつつあるリーダー集団が先頭に立ち、様々な取り組みをクラスに提起し、活動していきます。活動で一番大切なのは目標。その目標を達成できたら、クラス全体でお祝い会もします。取り組みを振り返る総括もしっかり行います。もちろん、活動の中でのトラブルはつきもの。しかし、そのトラブルを通して、また、仲間の意外な一面を知ることなどを通して、「勉強ができる」、「スポーツができる」といった、ありがちな価値観による尺度にとらわれない評価を、お互いに交わすようになります。そして、活動を通じて、自分たちのクラス集団のアイデンティティーを創っていきます。

学校は基本的に、いろいろなものを『管理』するところで、その責任者は教師です。ですから、その管理を巡って、時には子どもと軋轢が起きたり、集団として一人ひとりがバラバラであれば、モグラたたき状態に陥ってしまったりしてしまいます。子どもたちが集団としてのアイデンティティーを創り、「自己管理」できるようになれば、教師もその集団の中で、実践を楽しめるようになると、最近は感じることも多くなりました。

社会は変化するものです。その中で、何が大切なのか、優先順位をつけながら、目の前の子どもたちと向き合っていきたいと思っています。

第１章

学校の現状を考える

子どもの現状と課題②

徹底反復研究会　中国支部
山根大文

○授業が分からない子どもたち

子どもの「荒れ」の原因の一つに低学力があります。低学力の原因は、家庭の教育力の低さ、本人の特性などが複雑にからまっています。学力の低い子の特徴として、学習道具がそろわないことが挙げられます。学習道具がそろわなければ、勉強ができません。どんどん授業についていけなくなります。勉強が分からないので宿題はやってきません。宿題をしなければ、学力は付きません。学力が付いてないので、授業に集中できません。集中できないので、手悪さなどをします。一人で欲求を満たせなくなると、近くの子に話しかけます。突然、大声を出したり、教師や友達の意見に対して暴言を吐いたりします。それでも相手をしてもらえないと、お気に入りの子のところへ歩いて移動します。教師が厳しく注意すると、教室から出ていきます。このような子が一人ならよいのですが、普段から勉強を面倒に感じている子どもたちはその子たちの行動に迎合します。クラスを乱す子の数がどんどん増えていき、気付いたときには教師の指示は通らなくなります。

○授業を分からせるために

低学力の児童がクラスの2割以上を占めるクラスにおいて、どんなに授業方法を研究しても、クラスの子ども全員に授業を分からせることは難しいと思います。私が教師3年目の頃、私が勤務する県で有名な先生に説明文の指導を受けたことがあります。授業研究を引き受け、研究に研究を重ねた上で授業に臨みました。授業後、検証のために単元末テスト行いました。相当、努力を重ねたので、内心、平均点90点以上はいくな、と予想していたのです。しかし、結果は散々、72点でした。この時、初めて「子どもの学力を上げるためには、授業以外に必要なことがある」ということに気付いたのです。

いつも、国語のテストで20点しかとれない子がいました。「なぜこの子は、いつも20点しかとれないのだろう?」と思い、試しに、20点のテストを音読させてみました。するとその子は、漢字をことごとく読むことができなかったのです。例えば、「森林」を「もりはやし」と読んでいました。読めないということは、文章の書いてある意味が分からない可能性を意味しています。この時、私は初めて「読み」「書き」の基礎学力の重要性に気付いたのです。当時、単元末の50問漢字テストの平均点が60点くらいだったと思います。しかし、愚かな私は漢字の得点にあまり注意を払っていませんでした。しかし、「5年生の漢字の読み・書きができなければ、4年生の漢字も読み・書きができない可能性がある」、「4年生の漢字の読み・書きができなければ、3年生の漢字も読み・書きができない可能性がある」、「もしかしたら、ひらがな、かたかなも書けない可能性がある」ということに気付いたのです。

そのことに気付いてから、私の指導方法は変わりました。帯タイムを利用して、漢字、ひらがな、かたかななどの「学び直し」を始めたのです。まずは、ひらがなからです。1週間、2分間でひらがなの50音を書くことを繰り返します。そのとき、2分間で書けた文字数を記録用紙に記入させます。子どもたちには、「昨日の文字数を1字でも増やせたらいいね」と言います。同じプリントを反復学習すれば、昨日の結果より伸びることを教えました。また、書き終わった時点で、「はい！」と返事をさせ、挙手させました。プリントに全力で取り組み、返事をして挙手できることは、子どもたちにとって快感のようでした。そして、次の週にはテストをしました。子どもたちには「一人も欠けてはいけません」と教え、全員で課題を克服していく大切さを教えました。それを4年生の漢字まで続けていきました。すると、漢字を読んだり書いたりできる子が増えていき、授業が多少なりとも分かるようになってきたのです。最初、「この子は漢字を覚えるのが苦手な特性があるな」と思っていた子どもでも、4回、5回と同じテストを繰り返していくうちに、書けるようになってきます。5回目についに合格したときは、「やった！」とジャンプして喜んでくれました。既に合格している子も、「○○くん合格したん！すごいじゃん！」と称賛の言葉を贈っていました。惜しくも合格できなかった子も、「先生、あと何問覚えたら合格？」と聞いてきました。「学び直し」をすることで、しんどいことから逃げず、最後までやり通す大切さを子どもたちは学んでいっているようでした。

○授業への構えをつくるために

先日、ある2校の参観日を覗かせていただきました。共通していたのは、

①どちらの学校にも授業で子どもの目を輝かせることのできるエース級の先生が一人はいる。

②9割強のクラスは、冬眠型学級崩壊である。子どもたちは席に座っているが、学習に向かっていない。典型的な例は、「今から5分間、自分の考えをノートに書いてみましょう。（5分後）「それでは発表してもらいます。発表できる人？」と教師が聞いても、誰も挙手しない。

③参観日で保護者がたくさん来ているにも関わらず、正しく椅子に座れない子がいる。

しかし、大半の教師は、参観日の指導方法を練り、貼りものを夜遅くまで作り、大変お疲れの中臨まれた授業だったと思います。授業研究を頑張った結果、本当に大切なものが見えず、結果が出なかったのではないでしょうか？教師は疲れを子どもに見せてはいけません。常に笑顔で教壇に立つべきなのです。最小限の力で、最大限の力を出す。そのために、普段からクラス全員の子の「読み」「書き」「計算」の基礎学力を徹底的に高めることが大切だと思いました。それにより、子どもたちはできなかったことができるようになり、自信をつけ、よい行動が随所にみられるようになってきます。授業への構えをいかにつくるのかが、授業をうまく進める上での肝心であると感じています。

第1章

学校の現状を考える

いじめ①

徹底反復研究会　事務局長
山崎敬史

○いじめ問題を乗り越える学級づくり

初めて、担任した6年生を卒業させたときのことです。卒業式では、子どもたちがこの1年間で伸びた集大成の姿を見せてくれ、私自身が感動しました。

「こっちがお金をもらっているのに、こんなに喜ばせてもらって、教師っていう仕事は幸せやなあ」

そんなことを思いました。それまでも担任した子が「進級」する時は感慨深いものがありましたが、「卒業」は、一味も二味も違っていました。私にとって、この1年の経験は、本当に宝物です。その嬉しさと共に、がらんとした教室、後ろの黒板に残された39＋1名の似顔絵を見ながら、

「もう終わってしまったんだなあ」

という寂しさに、ちょっとした失恋気分（？）を抱いて過ごしたものです。

一方、その年は、社会的な教育の話題と言えば、いじめ・体罰でした。自分の目の前の事実とは異なる、もう一方の「事実」に大きく戸惑いました。そして、その対処法（と言っていいのでしょうか？）として、学校側（教育行政側）からのゼロトレランス、「道徳教育」・規律の強化といった

徳育的な内容のものをよく耳にしました。これもまた、目の前の事実（実践）とは真逆で、「本当にそれで解決するんだろうか？」と大きな疑問をもちました。

○クラス目標は「自治」・「みんなで伸びる、みんなと伸びる」

4月、学年会で学年目標の案を「自治」と決めました。各担任の想い、そして、「どんな6年生になりたいか？」という子どもたちへのアンケート結果をまとめたものです。「自治とは、みんなで決めて、みんなで守ること」と、子どもには説明しました。この学年目標は、学年総会で全員一致で承認されました。次に、学級総会を行いました。クラス目標も学年目標と同じく「自治」、そして「みんなで伸びる、みんなと伸びる」としました。ちなみに、私のクラスでは、話し合いは「学級会」、クラスの意思決定の場を「学級総会」と呼んでいます。

その目標を達成するためのシステムとして、

・当番・日直、掃除などの日々の仕事は班で回す。

・クラスで何かを取り組む時にはリーダーとなる「学級代表」を置く。

ことも決めました。

○様々な取り組み

「自治」を目指し、多くのことに取り組みました。初めのうちは、「チャイム着席」、「当番・そうじ活動」、「全員発言」などの分かりやすいものからスタートさせました。それぞれ目標を決め、目標を達成したら「達成会＝楽しいこと」をクラスで行いました。当初は、子どもたちは「達成会」のために頑張っていた側面も強かったように思います。そして、当初は私がそれを引っ張りました。

しかし、いろいろなことを取り組むにつれて、少しずつ「取り組み」の内容が変わっていきました。2学期の終わりの音楽会に向けては、「団結して最後の音楽会をよいものにしよう」ということが取り組みの目標となりました。提案自体を学級代表が行い、そこには「達成会」はありませんでした。

3学期になると、「最後の参観では、このクラスの歴史を劇にしたい」、「みんなで思い出をつくるために、休み時間はみんなで遊ぼう」などの要望・提案を子どもたちが行うようになりました。学校の卒業式の前日には、「6－3卒業式」と銘打って、クラス卒業式も行いました。この頃になると、「提案⬇準備」まで子どもたちがやるので、私は見ているだけ、もしくは一緒に中に入って楽しむだけと、とても楽をさせてもらいました。

○「同質同等」から「異質同等」へ

小学校の高学年にもなると、必ずと言っていいほど、子どもたちの「グループ化」が起こります。このこと自体は、発達の上から見ても当たり前のことだろうと、私は捉えています。「同質同等」の世界です。そして、「異質」排除に向かいます。そして、その子どもたちの力関係によって、クラスの中にヒエラルキーが生まれるのではないでしょうか。

今年、多くのことにクラスで取り組みました。取り組む中で、子どもたちの世界観が「同質同等」から「異質同等」に変わっていったように感じています。それは、取り組む中で、一つの目標をみんなで共有していたからだと思います。そして、その目標は教師が勝手に決めるのではなく、子どもたちと想いをすり合わせながら決めていきました。

3学期の学級代表決めでは、もしヒエラルキーが形成されていたならば、高い位置にいたであろう子が立候補を辞退し、低い位置にいたであろう子に譲る場面にも出会いました。普段は「異質」であっても、「同等」で、一つの目標を「共同」できることを、子どもたちは教えてくれました。

○徹底反復で個を伸ばしたからこそできた「集団づくり」

この1年間の集団づくりは、私にとってとても自信になりました。一方、それができたのは、徹底反復で個を伸ばせたからこそだとも思っています。具体的には、漢字の前倒し学習です。漢字前倒し学習の結果、39名中38名が、学年配当漢字の9割以上を読み書きできるようになりました。残りの一人も8割台です。クラスで学力に課題を抱えている子でも、漢字前倒し学習でなら、漢字を習熟させられました。そして、漢字を習熟させることは、その子たちの学力向上のきっかけにもなりました。学力が上がってくると、子どもは自信をもちます。自信は意欲につながります。その子たちが、クラスの活動を活発化させてくれました

「徹底反復で子どもを伸ばす」、「子どもと創っていく集団づくり」

この二つがいじめ問題を乗り越えるカギなのではないかと、あの1年の実践から感じています。

第1章

学校の現状を考える

いじめ②

徹底反復研究会　神奈川支部
鈴木夏來

○いじめはなくならない

大人社会でも多々あるいじめが、子ども社会においてないはずがありません。残念ですが、それが現実です。民間企業でも公的機関でも、学校の職員室にだって、いじめはあります。それなのに、子どもの世界だけいじめをなくそうというのは、どだい無理な話です。

もちろん、私はいじめを許したり、肯定したりするつもりは毛頭ありません。しかし、世の中からいじめはなくならないという事実を私たちは受け止めねばならない、そう言いたいのです。世に盗人の種が尽きないように、世の中からいじめが根絶することはないでしょう。

仮にいじめゼロのパラダイス世界を学校現場だけがつくることができたとします。そうしたら、その子たちは将来社会に出たときにどうなるのか？いじめへの対処法や解決法を知らなければ、逃げ方も分からない、耐性も身に付けていない、そういうことになりませんか。大人社会は厳しい世界ですから、真綿に包まれて育った子どもたちは、たちまちのうちにやられてしまうに違いありません。

したがって、「いじめゼロ」の無菌状態が子どもたちにとって必ずしもよいことではないということを、私たちは肝に銘じる必要があります。無菌室のような学級ではなく、腸内善玉菌が寄り集まったような、優しくて強い学級をつくりたいものです。

○いじめはウイルス

「いじめはウイルス」と、山脇由貴子氏は、『教室の悪魔』（ポプラ文庫）に書いています。病原菌のウイルスやコンピュータウイルスと同じだということです。

いじめのウイルスには、以下のような特徴が考えられます。

- 人から人へと感染する。
- 自覚症状がない。
- 潜伏期間がある。
- 発見が困難。
- 程度の差こそあれ、クラスの皆が感染する。
- 担任も感染する。
- クラスから、学年、学校全体へと感染していくこともある。
- この場合、当然職員室も感染している。
- 他者はもちろん、自分自身をも攻撃する。

・重篤化すると、担任や学校だけでは解決できない。
「いじめ」がウイルスであるとすれば、ときに学級担任までもが「いじめ」に加担するような信じられない事例も、理解できるような気がしませんか。

○いじめは隠れたがる

繰り返しますが、いじめはウイルスです。ウイルスですから、いじめは隠れたがります。加害者はもちろん、被害者までもがいじめの事実を隠そうとするのは、いじめウイルスの隠れたがる性向によるものです。学級担任、学校、そして教育委員会までもがいじめを隠そうとするのも、いじめウイルスの仕業だと思えば共感はできませんが、合点がいきます。

○過信しない

感染力や毒性が低いウイルスならば、自身に免疫力があれば、重篤化せずに済みます。いじめウイルスも同様です。軽度のいじめであれば、個人レベル・担任レベルで解決できるでしょう。しかし感染力や毒性の強いウイルスであれば、医者にかかり、薬でもって退治せねばならないこともあります。長期入院することもあるでしょう。

日本中が震え上がるような深刻ないじめ事件は、いじめウイルスが猛威を振るったケースです。重篤なケースの場合、学級担任の力ではもはや、ウイルスを撃退することはできません。私も学級担任として同じ立場に置かれたら、はたして何ができただろうと考えます。自分の力を過信せず、外部に助けを求めようと思います。

○クラスや学校でできる、簡単ないじめ調査

学級が安定していれば、深刻ないじめは起きにくいと考えます。いじめウイルスが好きそうな陰湿な空気がそこにはないからです。深刻ないじめは、学級崩壊のような無秩序状態にあるクラスで発生するケースが多いようです。

しかしながら、油断は禁物。下のような調査はいかがでしょうか。毎週、定期的に行うことでいじめの早期発見・早期治療につながります。いじめ調査ではあるけれども、「よかったこと」などを書く欄があり、学級の雰囲気を壊さずに明るく調査できるのがポイントです。「とてもこまったこと」にいじめと判断できる記述があったり、「先生の助けがほしい」に○印がついていたりしたら、迅速に対応しましょう。

○○小学校「今週のふりかえり」　　　　月　　日
よかったこと
[　　　　　　　　　　　　　　]
とてもこまったこと
[　　　　　　　　　　　　　　]
先生の助けがほしい（　　）
年　　組　　氏名

第1章

学校の現状を考える

子ども、学校、地域、家庭の変化①

徹底反復研究会　副代表
山根僚介

○私が思う『教室の変化』

私が小学生時代を過ごした1980年代、教室は大変interestingな空間でした。まずはテレビ。普通一家に1台しかない時代、全ての教室にテレビがありました。NHK教育テレビの時間に合わせて時間割が組んであったおかげで、音楽や道徳、理科などの授業では楽しい番組を見ることができました。次にオルガンです。家にオルガンがある人は少なかったでしょう。全ての教室にオルガンがありました。休憩時間になると、女の子たちが「ねこふんじゃった」を楽しそうに演奏していました。担任の先生も音楽の時間になると伴奏を弾いてくださり、先生はピアノを弾けるものだと思い込んでいました。最後にストーブです。家庭の暖房器具といえば火鉢から灯油ストーブに移行した頃でしょうか。私の家庭には両方ありました。当時、私の通った小学校は全教室にガスの配管があり、ガスストーブがありました。先生が点火されると広い教室が暖かくなりました。中学校では灯油ストーブでしたが、家庭用とは全く違う大きなストーブでした。教室は、家よりも進んだ設備が整い、家では体験できないようなことが繰り広げられていたのです。

あれから30年。教室はどう変わったでしょうか。先日、わが子の個人懇談のため、母校の小学校へ行く機会がありました。教室に一歩入ると、あの懐かしい光景が蘇りました。全ての教室にガスストーブ、教卓の近くにはオルガン、斜め上に視線を送ると懐かしいブラウン管テレビ。何も変わっていません。よくぞこの30年、現状維持をしていたものです。

この間、家庭の環境は確実に進歩を遂げました。テレビのチャンネルはリモコン式へ。アナログから地デジへ。ブラウン管から液晶へ。今やハイビジョンでは飽き足らず、４Ｋや８Ｋのテレビも登場しています。また、インターネットとも接続し、双方向の情報通信が確立しました。暖房も灯油ストーブはまだ現役なれど、火鉢はまず見られません。多くの家庭ではエアコンが取り付けられ、タイマー起動はもちろん、外出先からもネット経由でスイッチを入れられます。また、ほとんどの家庭にはパソコンがあり、さらに一人ひとりがスマホを所持していつでもインターネットにアクセスできます。

家庭の環境が完全に教室を追い抜いてしまいました。教室は何も変化せず時代が流れていったようです。つまり、「教室に行くと、家では買ってもらえないような最新設備が整っていて、それを授業で使うとわくわくする」といった時代ではなくなりました。逆に、それが大きな変化といえるのかもしれません。

もちろん、学校も手をこまねいているわけではありません。実物投影機とプロジェクタ、電子黒板、タブレットPCなど、現代ならではのICT機器の導入はどんどん進んでいます。また、さすがに全国的には教室のテレビは地デジ化しているはずです。教室にはLANのコンセントもあり、パソコンをつないでインターネット環境をつくることもできます。特に家庭にないものといえば電子黒板です。電子黒板の整備状況は78%。ずいぶん進んできています。電子黒板はこれからの授業になくてはならないもののはずです。ところが、78%の教室で使われているような実感がまるでありません。なぜなら、この数値は電子黒板が学校に1台でもある学校の割合だからです。教室数でみるとわずか9%の整備率です。多くの場合、学校に1台であり、特別教室に置いてあることが多いでしょう。よくても学年に1台ずつです。それでも電子黒板があるのですから、授業で活用できそうなものですが、実際のところその稼働率は大変低いのが現状です。どうして活用が広がらないのでしょうか。そのヒントは昔の教室にあります。NHK教育テレビはどの教室でも見られました。それは、全ての教室にテレビがあったからです。オルガンもいつでも使えました。それも、全ての教室にあったからです。使いたいときにすぐ使える、「常備」が大切なキーワードなのです。

そういえば、私が子どもの頃、最新鋭の機器としてOHPがありました。TPシートに先生の用意した言葉や絵が描かれていて、それをスクリーンに投影するものでした。このOHP、毎日使うものではなかったように記憶しています。普段は廊下の突き当りや倉庫などに置いてあって、必要な時に教室まで運んできていたように思います。大変物珍しく、OHPが登場するだけで興味深く授業を聞くことができました。私も教育実習で活用させてもらいました。そんなＯＨＰ、登場するのは年に数回。先生にとっては、便利だけど準備が大変だったようです。しかし、黒板を使うことを億劫がる先生はいないでしょう。なぜなら「常備」されているからです。教育機器を活用するには「常備」が重要なのです。ある自治体では、学校に1台ずつ、プロジェクタと実物投影機を導入しました。学校に1台だけといっても予算を使うわけです。活用率を上げなければなりません。そこで、活用率を把握するために、使うごとに市教委が決めた様式の用紙に日付と校時、教科名と授業者名を記録することを義務付けました。すると、そんな書類を書かなければならないのなら、わざわざ使うことはないと、全く使われない事態になりました。残念。端的に言えば、活用率を上げるのなら「報告」ではなく「常備」なのです。ストレスフリーですぐ使えることで、活用率は向上するはずです。昔のＯＨＰも「常備」しておけばもう少し活用されたことでしょう。

「でも、お金ないし…」という声も聞こえてきそうです。ところがお金は実はあります。『教育のＩＴ化に向けた環境整備4か年計画』では、平成26年度から29年度まで、学校のＩＴ化のための予算措置がされました。4年間で6712億円。いまひとつピンときませんか。小学校1校当たりにすると564万円です。ただ、これは地方交付税措置で各自治体へ配分されている予算なので、自治体が何に使おうと自由です。自治体の考えが教室環境に反映しているといっても過言ではありません。措置された予算がその意図の通りに、ＩＣＴ機器の「常備」に使われたのでしょうか。

第1章

学校の現状を考える

子ども、学校、地域、家庭の変化②

徹底反復研究会　中国支部
中國達彬

○特別支援教育がスタートして10年

２００７年4月、特別支援教育が本格実施されました。それに伴い、いわゆる「発達障害」をもつ子どもに対して丁寧に一人ひとりのニーズに応じた支援を行おうとする考え方が学校現場に積極的に取り入れられるようになりました。教員研修も盛んに行われるようになり、特別支援学級だけでなく通常学級のものでもあるという考え方は学校現場でごく一般的なものになりました。ＬＤ、ＡＤＨＤ、高機能自閉症といった専門的な言葉も広く知られるようになり、今や特別支援教育の視点は学校や家庭という枠を越えて社会全体にも広がりつつあります。

そんな流れの中で、私は教師の子どもに向ける「まなざし」の変化を感じることがあります。

○あふれる情報と教師の「まなざし」

「あの子グレーだよね」
「あの子はＡＤＨＤだから」
「薬飲めばなんとかなるのにね」

こんな言葉を耳にすることがあります。書店に行けば「発達障害」に関わる本がたくさん並んでおり、本には各障害の特性とそんな特性をもった子たちへの対応方法が分かりやすく説明されています。「疑いがある子」も「グレーゾーン」にいるとしながら、かなり広い範囲の子どもたちを対象に、理解の仕方や対応のポイントが紹介されています。

「グレー」や「ＡＤＨＤ」「薬」といった言葉が学校現場で交わされる。これも熱心に子どもを理解しようとするがゆえの一つの結果なのかもしれません。私自身、専門的な知識を得ることによって子ども理解を深めることは重要だと思います。しかし、私たち教師が語る言葉はどこか偏っていたり、断片的な知識にとらわれすぎていたりしてはいないでしょうか。「発達障害」に関わる情報がものすごい量とスピードで学校現場に現れるようになった今、我々教師は常にふと立ち止まってみることが必要ではないでしょうか。

「そうは言うけどあの子ってあんなこともあったよね」

「そうは言うけどあの子って何が好きなんだろう」

「そうは言うけどあの子こんなことできるよね」

「そうは言うけどそもそもグレーって何が白で何が黒なの」

「そうは言うけどあの子こんなことできるかもしれないよね」

こんな言葉がもっとあっていいはずなのに、目の前のうまくいかない現実と、ここ数年新しく入ってきた言葉とが奇妙な化学反応を起こし、温かかったはずの教師のまなざしが少しずつ冷えていってはいないか。最近、そんなことを感じることがあります。

○一人ひとりのニーズに応じた教育？

ある教室に行くと、一人だけ教卓の隣で授業を受けている子がいました。ある教室に行くと、「帰る前に机の中をチェック！」と書かれた紙（おそらく先生が書いたもの）を机の上に貼っている子がいました。ある教室に行くと、宿題を忘れた子の名前が黒板に書き留められていました。

「集中して学習させたい」
「整理整頓ができる大人に育てたい」
「忘れ物をしない大人に育てたい」

教師はそんな願いをもって指導・支援を行っているに違いありません。しかし、これらの方法はどのような過程を経て、どれだけの選択肢の中から選び出された手立てだったのでしょうか。また、いつまで続くものなのでしょうか。こうした状況を本人や家族、周りの子たち、その学校の先生たちはどのように受け止めているのでしょうか。一人ひとりのニーズに応じることは確かに大切です。しかし、この点ばかりが強調されてしまうと、学級という集団が、（教師は意図していなくても）その子をいつのまにか「差別」「排除」する方向に動いていってしまわないでしょうか。

○個と集団を見つめる教師の「まなざし」

学校が集団の中で（集団生活を通して）個を育てる場所である限り、私たち教師は、個の特性にスポットを当てながらも、その個を含めた集団がどのような状態にあるのかということを見る目をもっておかなくてはなりません。また、古今東西の教育を取り巻く大きな変化に目を向けながらも、今目の前に座っている「あの子」の小さな心の動きにも気付く目をもっておかなければなりません。もちろん言うは易し、行うは難しです。私自身も十分な力をもっていません。しかし、「そんな目をもちたい」と思いながら教壇に立つ教師の「まなざし」は、そうでない教師のそれとは少し違ったものになるのではないでしょうか。

「あの子」が集中できるように彼の好きな○○をさりげなく登場させてみる。帰りの準備の時にさりげなく確認してみる。持って来たくなるような宿題を出してみる。どんな手立てが正解なのかは分かりません。一発で正解にたどり着けるかどうかも分かりません。しかし、試行錯誤しながらも、子どもや家族と一緒に迷いながらも、丁寧に温かな「まなざし」で育てられた子は、きっと生きていく上で大切な力を付けることができると私は思います。「結果」だけでなくその「過程」も大切にできる。そんな「まなざし」がまずは特別支援教育の大前提だと私は考えます。特別支援教育が本格的にスタートして10年。あふれる情報の中でこれから特別支援教育が、単なるハウツーに走るものではなく、まずは教師の温かな「まなざし」に支えられたものであってほしいと、今私は改めて思います。

第1章

学校の現状を考える

全国学力・学習状況調査①

徹底反復研究会　代表
陰山英男

少し前の話ですが、2014年の全国学力・学習状況調査の結果、大阪の成績は落ちました。その原因として、それまで順調に成績が上がっていたので、大阪府教育委員会の指導から、市町村教育委員会の指導に切り替えたことが挙げられます。テストの点数というのは、上げようとすれば上がり、気を抜いてしまうと簡単に下がるものなのです。

その時、沖縄県が大躍進をしました。これは、対策が適切であれば、学力テストの結果を押し上げるのは、それほど困難ではないということを意味しています。また、静岡県のように、知事から厳しい叱咤激励が飛び、急上昇したということも珍しくはないのです。

ただ、沖縄県が躍進したということと、秋田県が上位ということとは、意味が違うことに注意しなくてはいけません。一部の新聞報道に、沖縄県が秋田県に先生を派遣し、学習法を学んだのが大きいという記述がありますが、そんなことはありえません。秋田県の学力が高いのは、システム的に様々な学校の指導状況がきちんと県として指導され、そのノウハウが、研修会や校長会などで共有されていることにあります。福井県では、学力をつけるために絶えず研修を積み、教職員の意識を高めていることが分かりました。

沖縄県では、県教育委員会が直接学校に出向いて指導を行うなど、かなり徹底した指導が行われていました。また、一般的に指導の手が緩みやすい3月や春休みにも宿題が出され、指導の徹底がなされていたのが特徴的です。つまり、対策としての学力向上策を行ったということです。私自身は、対策としての学力向上は別に悪いことではなく、むしろ自然なことだと思います。重要なのは、なぜこんなに簡単に上がるものが下がったのかを意識することです。日常的にきちんと宿題を出したり、そうしたことをシステム的にやるということが重要なのですが、これらがテスト対策的に徹底はするが一時しのぎ、というところが決定的に違うところなのです。もう少し詳しく説明すると、例えば、5年生の前半にやった学習内容は、半年、1年経つうちに、多くの子どもは忘れてしまいます。学習内容を忘れさせないようにするにはどうするのがいいでしょうか?何度も徹底反復し、定着させることは皆さんもお分かりだと思います。

ただ私は思うのですが、こうした対策によって学力テストの点が上がってくるのは、勉強というものがテストのためものになりつつあるということです。状況を知るためにこうした調査があるのはいいのですが、調査という学力向上の手段というものが目標になってしまったとき、同じテストをやっていたとしても、本質は大きく変わってくるでしょう。今回の沖縄県の順位の上昇は、そうした時代の節目を表すものになるのではないか。私はそんなふうに見ています。

第1章

学校の現状を考える

全国学力・学習状況調査②

徹底反復研究会　中国支部
中國達彬

○全国学力・学習状況調査の風景

3学期の5年生の教室。

子どもたちは、配られた大量の問題を前に鉛筆を動かしています。

子どもにとっても担任にとっても、1日、1時間を大切にしたいと思うこの時期。

子どもたちは、誰のために、何のために、こんなことをしているのでしょうか。

夏休み。

先生たちは、数時間をかけて全国学力・学習状況調査の結果を分析しています。

正答率の低い問題をピックアップし、学校全体でその問題の正答率を上げるための手立てを考えています。「対策プリントを作ろう」「かきかきタイムを導入して書く力を重点的に伸ばそう」といった具合に。ところが、毎年同じことが繰り返されるので、当然、年によって「課題」となる領域は変更します。「正答率○%か～。今年度の課題は、『量と測定』だね」

昨年度まで本校の課題は、『図形』だったはずなのに。

先生たちは、誰のために、何のために、こんなことをしているのでしょうか。

○まずは「C」としての機能を見直す

私は、全国学力・学習状況調査は、「子どもの実態をつかむ」ためのものであると同時に、「取り組みに対する効果を測る」ものとしての位置付けが大切だと思います。私が、全国学力・学習状況調査に関わる一通りの取り組みを眺めた時、もっとも不足を感じるのが、この「取り組みに対する効果を測る」ものとして見る視点です。本テストに関わる取り組みをPDCAのバランスで考えると、「PPPDDDDDDCAAA」といった印象を受けます。本来あるべきC（評価）の機能が極端に手薄い印象。みなさんはいかがでしょうか。

○「取り組みに対する効果を測る」ものとして機能させるために

全国学力・学習状況調査を「取り組みに対する効果を測る」ものとして機能させるためには、取り組みに明確な「ねらい」があり、なおかつ、それが一定期間「継続」されている必要があります。しかし、多忙感の強い現場の教師としては、「他にもたくさんの取り組みが要求される中で、一つ一つの取り組みに明確な『ねらい』などもたせている暇はない」「長期間にわたって新たな取り組みを始めることなんて、負担以外の何物でもない」「はやく何をするのか決めよう」そんな思いが正直どこかにあります。

では、どうすればよいか。

私は、「取り組みをもっとシンプルにする」べきだと思います。取り組みをしぼり、極端に言えば「一点突破」をめざす。その方が「ねらい」も明確で、「継続」も容易になるのではないでしょうか。そして、結果、全国学力・学習状況調査を「取り組みに対する効果を測る」ものとしても機能させやすくなると思います。

「対策プリント」のようなストレートな取り組みを行えば、一時的に正答率は上がるかもしれません。しかし、一時的かつ限定的に数値を上げることが、われわれ教育現場がめざしているゴールではありません。目の前の道がたとえストレートで分かりやすい道だったとしても、それがゴールにつながっていないのなら意味がありません。たとえ遠回りでも、確実にゴールをめざす。そのためにも取り組みをしぼり、シンプル化を図ることが必要だと考えます。

○取り組みをシンプルにするポイント

「取り組みをシンプルにする」という時、私は二つのポイントがあると思います。

①まず、「いつまでに」「だれが」「どのような（どれだけの）」状態になっているかを具体的にイメージしておくことです。これがあるからこそ「C」が可能になりますし、次にすべきことも見えてきます。常に「そもそも」「何のために」を振り返る。これがぶれない取り組みへとつながっていくと思います。

②次に、確かな「C」を可能にするためには一定期間の継続した取り組み（取り組みの習慣化）が必要です。しかし、人の脳は新しい習慣に対して抵抗するという癖をもっています。したがって、その

抵抗を乗り越えるためにある程度の意図的な「仕組み（環境）」を用意しなければなりません。「パターン化」「時間のスモール化」「課題のスモール化」「記録等による取り組みの可視化」などです。

○「受け」から「攻め」の姿勢へ

一人の現場教師として、全国学力・学習状況調査が、誰のための、何のためのCheckなのかを考えた時、やっぱり私の頭に最初に浮かぶのは目の前にいる子どもたちの姿です。

せっかく行うテストなら、子どもも教師も「受け（請け・承け）の姿勢」ではなく、「攻めの姿勢」で行いたい。多くの要求に一度に答えようとするのではなく、「まずはここから攻めます」という姿勢をもっと強く打ち出せないものか。全国学力・学習状況調査について思うとき、私はどこかにそんな思い（願い）をもっています。

もっとシンプルに、そしてもっと積極的に。子どもたちのために、そして、先生たちのためにも。

第2章

徹底反復
—その具体的方法

徹底反復の全体像

漢字前倒し学習

百ます計算

音読

社会科、理科

日々の生活

書く力

第2章

徹底反復
—その具体的方法

徹底反復の全体像①

徹底反復研究会　副代表
山根僚介

○徹底反復のめざすもの

徹底反復と聞いて、みなさんはどのようなイメージをもちますか。本書をお読みになっている方は、おそらく肯定的に捉えてくださっている方が多いと思います。しかし、否定的な感覚をおもちの方もおられることでしょう。「子どもに無理矢理勉強をさせている」「もっと思考させて会話させなければいけないのに」などのご批判をいただいたこともあります。しかし、その多くは誤解によるものであったり、具体的な内容をよくご存じないところから始まったりしていると感じています。本章では、徹底反復学習の具体例を紹介いたしますので、どうぞお読みください。

本稿では徹底反復学習の全体像についてお伝えします。その前に、一つ思い出していただきたいことがあります。次の問いに答えてください。

> 問「あなたの勤めている学校の研究主題は何ですか？」

恥ずかしながら若手の頃の私はこの問いに即答できなかった苦い経験があります。みなさんはいかがですか。昨今の研究主題を拝見しますと、「論理的に考え、主体的に伝え合う力の育成」「豊かなコミュニケーション能力の向上」など、その育てたい「資質・能力」をはっきりと明記し、職員一丸となって日々の授業に取り組まれていることが伝わってきます。

しかし、立ち止まってもう少し考えてみましょう。その研究主題に向かって取り組んだ結果、どのような子どもの成長があったでしょうか。学校の研究では、年度末に必ずその成果と課題をとりまとめて次年度につなぐ作業があると思います。そこでどのような結論が導かれているでしょうか。実際は研究主題に掲げた「資質・能力」が目に見えて成長したとは言い切れない状況があるように実感しています。研究が一朝一夕に結果が出ないことは当然あり得ることで、年度末に結果が出ないことも勿論あります。しかし、その原因を考えないと研究は前に進みません。実は、研究手法や研究内容云々の前に、根本的な問題があるのです。

下の図をご覧ください。これは陰山先生が著書の中で示している「学力の三層構造」です。先ほどの研究主題に多く挙げられているような「資質・能力」は、三層目の『多様な学習』に

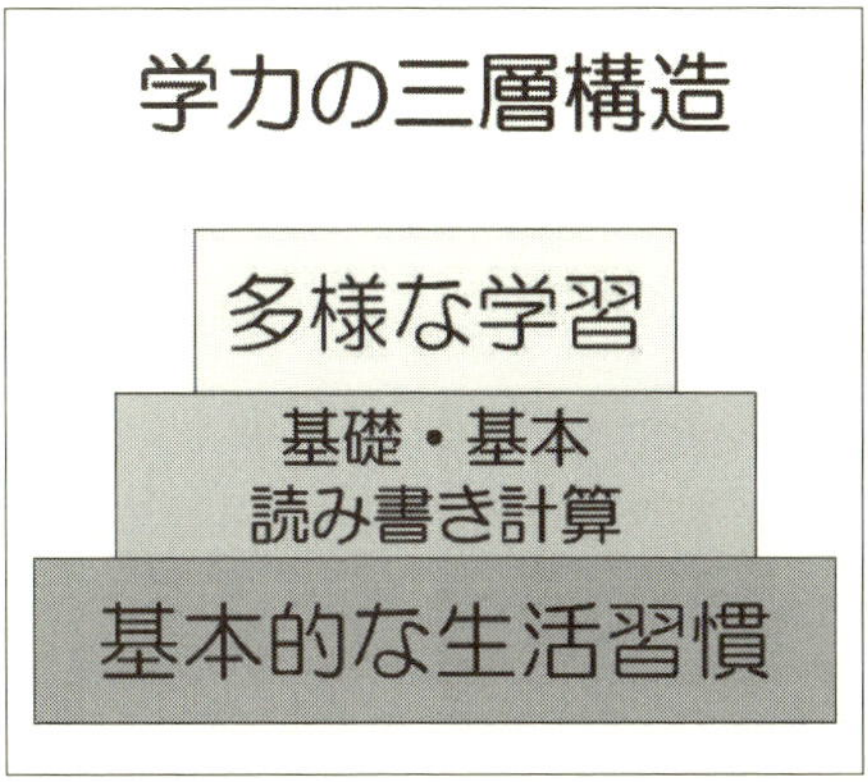

分類されます。いわゆる学校の研究の主題になるような高度な学習が当てはまります。しかしそれを追求してもなかなか結果が伴わない現実があります。それは、その土台である二層目の『基礎・基本、読み書き計算』が構築されていないからです。例えるなら土台をつくらずに家を建てるようなものです。

平成29年現在、新学習指導要領で提唱された【主体的・対話的で深い学び】が教育の大きなキーワードになっています。ともすれば、校内研究がこの【主体的・対話的で深い学び】にのみ拘泥し、その土台である『基礎・基本、読み書き計算』にまで意識が向かない状況がないでしょうか。

《平成29年度小・中学校新教育課程説明会（中央説明会）における文部科学省説明資料》を紐解くと、『「主体的・対話的で深い学び」の具体的な在り方は、発達の段階や子どもの学習課題等に応じて様々である。基礎的・基本的な知識・技能の習得に課題が見られる場合には、それを身に付けさせるために、子どもの学びを深めたり主体性を引き出したりといった工夫を重ねながら、確実

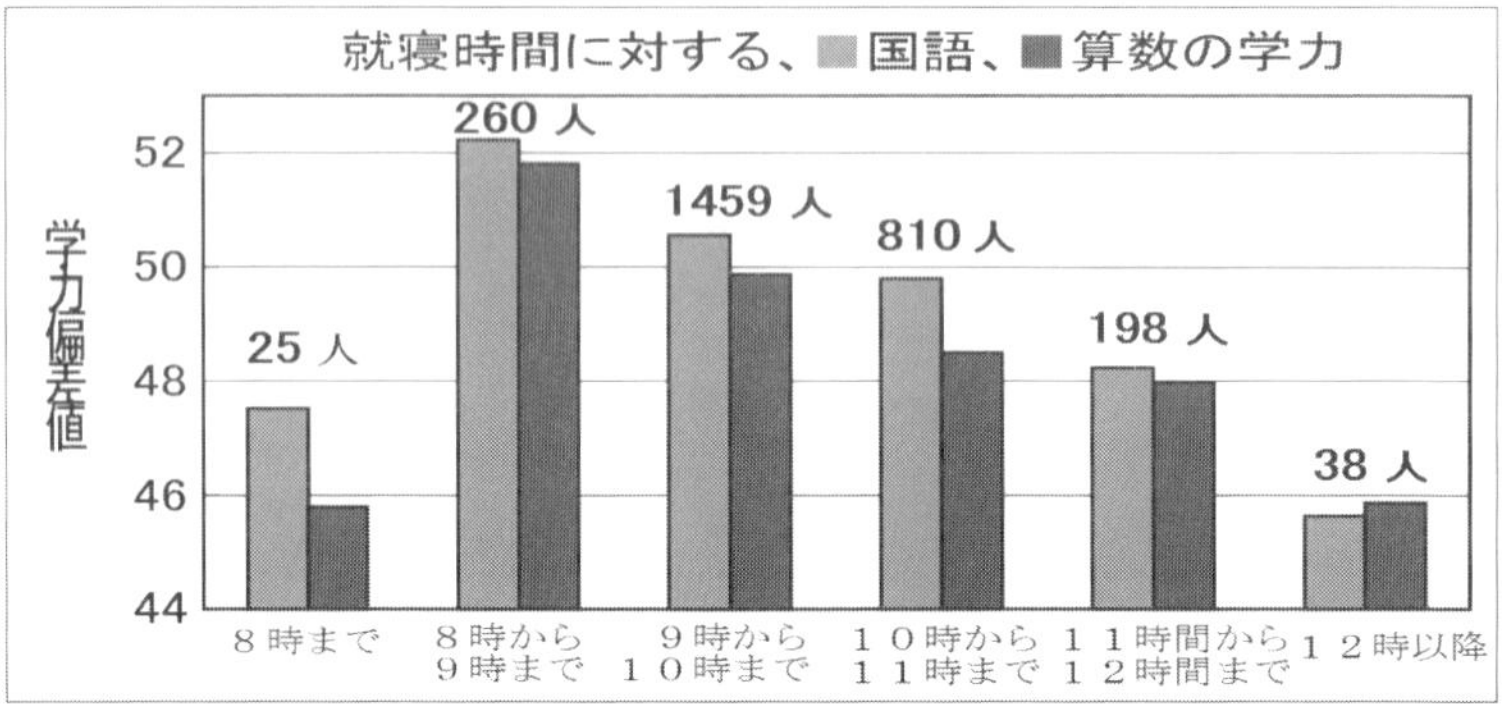

な習得を図ることが求められる』と解説されています。すなわち、二層目に当たる学びについても「確実な習得」が求められているのです。私たちの研究会では、この部分こそ、徹底反復学習の得意分野であると考えています。

また、これら三層目と二層目を共に支えているのが、一層目の『基本的な生活習慣』です。私たちの研究会では、この点においては「早寝早起き朝ご飯」というキーワードで、家庭での生活習慣を整えることを提案してきました。午後10時までには就寝し、約8時間の睡眠時間を確保することを推奨しています。前のページのグラフをご覧ください。これは山口県山陽小野田市の全小学生を対象にした調査結果です。概ね午後8時から9時までに就寝した子どもの学力が最も高く、その後、就寝時刻が遅くなるにつれて学力が下がっていくことが分かりました。また、下の表は、広島県の「基礎・基本定着状況調査」において広島県内の小学5年生全員の結果から得られている数値です。これを見ると、睡眠時間が8時間前後の子どもが最も学力が高いことが分かります。そして朝ご飯です。我々大人は朝食を食べないことが決して珍しくないのかもしれませんが、子どもの発達中の体には絶対に朝食が必要です。朝食はその日一日のエネルギー源であり、午前中の学習になくては

広島県の基礎基本調査の結果より

	4時間	5時間	6時間	7時間	8時間	9時間	以上
国語	52	62	66	70	71	70	65
算数	53	64	70	74	74	74	68

ならないものなのです。下の図は、同じく山陽小野田市の調査結果ですが、朝食を毎日食べている子と食べない子では大きな学力差が生じています。さらにある担任と児童との朝の会話で、〈担任「今朝、朝ご飯食べた?」子ども「うん!」担任「何を食べてきたの?」子ども「菓子パン!」担任「ほかには?」子ども「ジュース!」〉といった、笑えないような朝食の状況があることも珍しくありません。やはり、主食と主菜・副菜のそろった、朝ご飯を食べてきてもらいたいものです。とは言っても、この『基本的な生活習慣』は家庭の領分です。土足で踏み込むことは慎まなければなりません。学校としては、ＰＴＡ総会や学校便りなどで啓発を続けていくことが大切だと思います。

　ここまで「学力の三層構造」を元に述べてきました。まとめると、学校が研究しようとする『多様な学習』を支えるためには『基礎・基本、読み書き計算』が必要であり、その二つを支えるためには『基本的な生活習慣』が必要であるとい

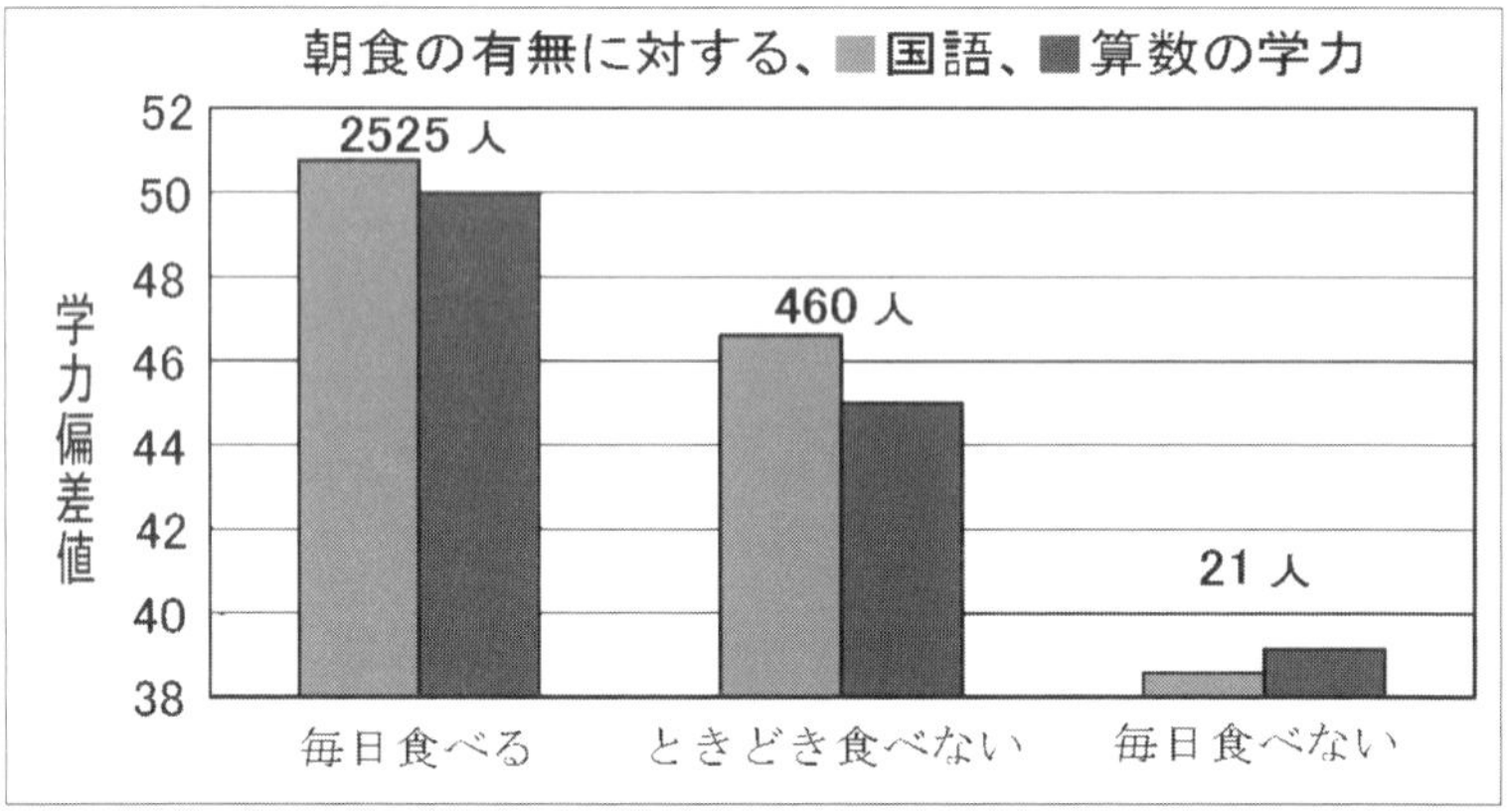

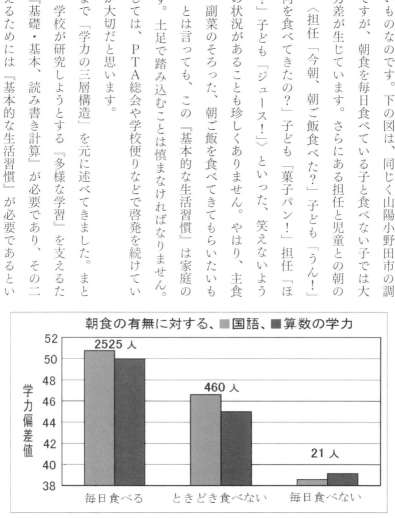

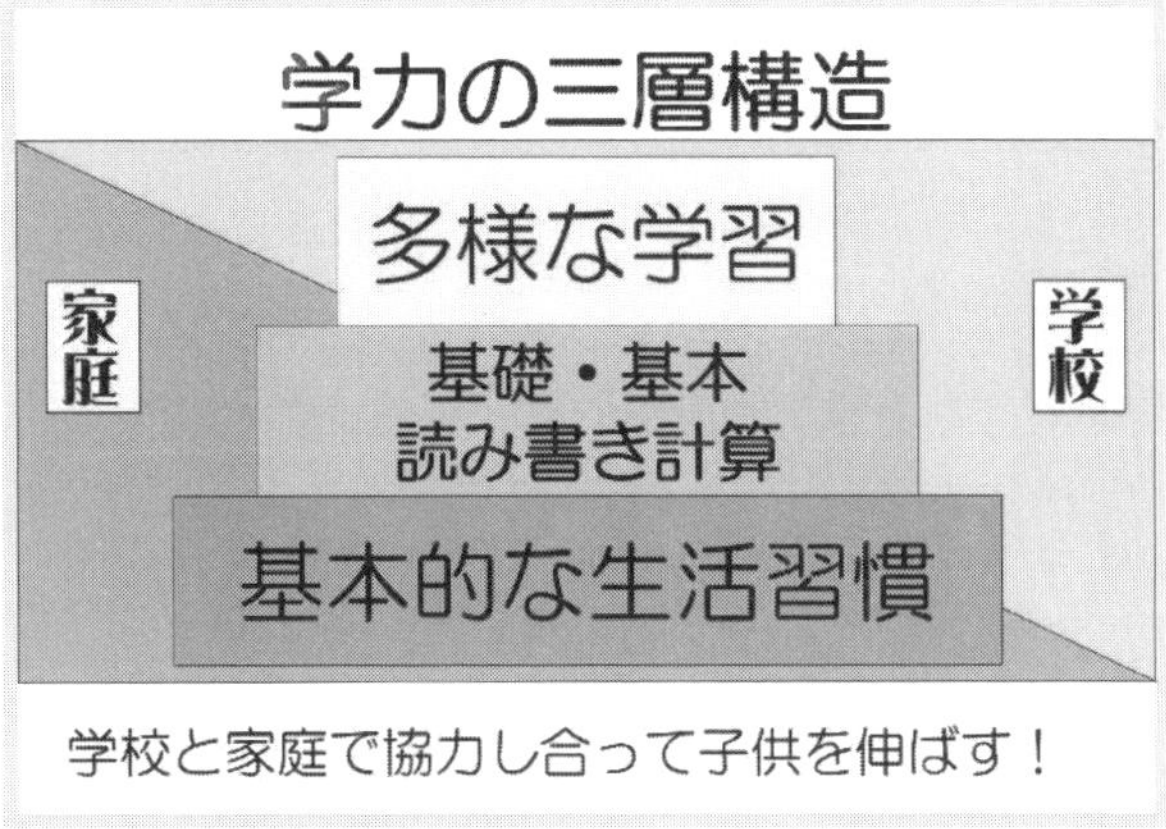

うことです。さらに、階層が上のものほど学校が行う教育の比重が大きく、階層が下のものほど家庭が担う比重が大きいということが言えます。このことをまとめたのが、上の図です。、どれかが欠けても学力は成立できません。私たちは家庭と手を携え、子どもたちに基礎・基本を習得させ、『主体的・対話的で深い学び』を目指していかなければならないのです。

○徹底反復学習　五つのキーワード

〔スピード〕速さといえば百ます計算が代表的ですが、音読や漢字もスピードを意識しましょう。ただ速いのがよいのではありません。音読なら口形を意識した張りのある声で、全員が揃って発声します。毎日繰り返し練習を続けていけば文章を暗唱し、次第に速く読むことができるようになります。そのスピードを指導者は見極め、今できるレベルの少し上のレベルを目指して練習を繰り返します。また、漢字はだらだらと何文字も練習していてはいけません。新出漢字1文字につき練習は2回、その後すぐにテストです。書く速さも勿論ですが、この展開の速さも大切です。この速さによって集中力を高めることができます。

〔テンポ〕「音読では何をさせるとよいか」と尋ねられることがありますが、「テンポのよい詩文を選んでください」とお答えしています。特に古文漢文の七五調の文章はテンポがよく、大変読みやすいものが多いです。現代詩でも北原白秋の「五十音」などは大変テンポよく読めます。テンポがよいと、学習に乱れがありません。スピードもつきやすいです。スピードを遅くし、できない子に合わせて進めることは一見優しさに見えますが、集中力がもちません。だらだら学習を続けていくと、それはだらだらの練習を積み重ねていることになるのです。

〔タイミング〕例えば1年生に対して「日本国憲法前文」を暗唱させようとしても無理というものです。しかし、6年生が憲法の学習をした後に取り組むと、結構暗唱できてしまいます。どの教材をどのタイミングで子どもに与えるか、これは重要なポイントです。しかし、何年生はこの教材、と決めてしまうことは得策ではありません。子どもは無限に伸びるからです。例えば土堂小学校の2年生は「外郎売り」を全文暗唱してしまいました。そんな子どもたちなので、「百人一首」も暗唱してしまいました。大切なのは目の前の子どもたちを見て、最も効果の高い学習材を教師が選ぶ眼力だと思います。また、音読を繰り返す過程で「友達の声をよく聞いて」とか、「息を吸うポイントがよかったよ」など、教師が子どもに対して評価を伝える場面があります。このタイミングのよい評価も重要です。子どもに音読をさせながら、教師はどのような評価を返すかを常に考えないといけません。

〔集中〕『勉強とは集中する練習である』とは陰山先生の言葉です。本書で最も重要なキーワードかもしれません。全ての学習は子どもが集中しているかを基準に考えましょう。どんなに素晴らしい指導法を追試しても、どんなに楽しい教材を用意しても、子どもが集中していなければ意味がありません。集中していない学習は集中しないことを練習しているに過ぎないのです。ただし、この集中とはただ無言で机に向かうという意味ではありません。例えば、学ぶことを楽しみ、真剣に学びに向かう姿勢をいうのではないでしょうか。そして集中することで結果的にスピードが速くなり、テンポよく学習が進められ、レベルの高い学習に出会うタイミングも早くなります。

〔笑顔〕集中と間違えやすいのが「緊張」です。教師が強権的な学級経営を行っていると、学級の子どもたちには失敗しないようにしようと、緊張感が漂います。どちらも真剣に学習に向かっている姿かもしれませんが、緊張はミスを生みます。そして何より学ぶことが楽しくありません。実は集中は緊張からではなくリラックスから生まれます。リラックスするとミスが減り、さらに主体的に学習に向かうことができるようになります。このリラックスを生む最も大きな要因が「身近な大人の笑顔」です。学校なら当然教師の笑顔ということになります。いつも苦虫を噛み潰したような表情をするよりも学級を明るくする笑顔をつくる方が、学級の子どもたちにとって大きな安心感につながります。有田和正先生は、「45分の授業の中で1回も笑いがなかったならその教師は逮捕」と笑顔で語られていました。学級経営にも通じる教師の笑顔。ぜひ徹底反復学習だけでなく、日々の授業に取り入れていきましょう。

第2章

徹底反復
―その具体的方法

徹底反復の全体像②

徹底反復研究会　代表
陰山英男

○音読

音読と百ます計算は、漢字学習と並んで、徹底反復学習の3本柱です。

音読は、福岡県鞍手町立西川小学校によって、改めてその可能性の大きさが分かってきました。西川小学校では、1年生から「枕草子」を音読させ、暗唱まで一気に進めています。そして6年生では、芥川龍之介の「蜘蛛の糸」の長文を暗唱します。私は、信じられないという思いで、この授業を参観しました。自分自身も長く音読指導を行ってきましたが、様々な変化を遂げる中で、究極の形が、西川小学校で現れたのです。背筋を伸ばし腰に手をあて、大きな声で発声していきます。口の形を意識し、全体でテンポを遅らせないことなどに集中して行っているので、一つの文章をやり終えただけで、子どもたちは深呼吸をするように全力でやり通したことを表現しています。また先生方も、スピード・テンポ・タイミングを逃すことなく進めるために、拍子木を使っています。全校で70名程度の小さな学校ですが、音読が始まったときには、校舎が揺らぐのではないかと思えるほどに、声がエネルギーとなって校内にこだましています。そして、卒業生のほとんどは、進学先の中学校で、ほぼトップクラスの成績を収めています。私はそのもっとも重要なポイントが音読指導にあったと考えています。

この西川小学校の実践を参考にしながら、福岡県飯塚市立飯塚小学校でも新しい音読の工夫がなされていました。その工夫とは、極めてシンプルです。それは、最初の音読を全校一斉に、同じ文章で行うということです。6年生も1年生も同じ文章を読むことは、6年生は低学年のお手本になるように頑張りますし、低学年は上級生に負けないようにと頑張ります。これもまた、校舎に響き渡るような音読が聞かれ、隣の学級や学年にひるむことなく、自分たちの音読をぶつけていくさまは、とてつもない迫力を感じるものでした。エネルギーあふれる音読は、子どもたち自身の頭のはたらきを刺激し、言語を習得する力を高めていくことにつながるのだと思います。

かつては、音読素材を各学級に委ねていいと思っていましたが、全校一斉の実践が進む中で、共通の教材を利用するとか、各学年必須の課題を設定することで、計画的に音読力を高め、子どもたちの学力向上に大きく寄与することができます。

○百ます計算

百ます計算は、徹底反復の最もシンボリックな実践です。ただ、課題が一つありました。いつから百ます計算をさせればいいかということです。かつて、兵庫県の山口小学校で実践したときには、通常の足し算、引き算が終了した後に取り組んでいたので、百ます計算の指導は、どんなに早くても、1年生の11月の終わりからでした。今は違います。ある程度の計算ができると分かれば、十ます計算を1の段から順番に、それぞれの計算と答えを覚えていくよう指導していきます。横一列に書いていく答えは、足す数がいくらかによって、規則的に動いていきます。例えば、＋9ならば、上の数の1小さい数を書き、十の位の1を書き足せば答えになります。つまり、その規則性をいかすことで、子どもたちの習得を簡単にしていくのです。教科書での指導をそのままにしていると、子どもにとっては高度な学習となります。

教科書の学習が始まる前に、十ます計算でその計算と答えを丸暗記していく方が、はるかに子どもにとっては容易です。計算の答えが瞬時に分かるようになってくれば、教科書に書かれている内容を理解することも可能になってきます。百ます計算は、中高学年を対象とした計算力向上のツールとして広がってきましたが、低学年の十ます計算の指導と連携することで、小学校1年生から6年生までの計算学習を容易にしていくものとして、さらに大きな可能性を広げてきているのです。

○漢字前倒し学習

もう一つ、「漢字前倒し学習」について、私が初期の頃に行っていた方法を紹介します。

ある年、3学期に子どもたちに漢字の総復習をさせることを思いつきました。そうなると、2学期のうちに3学期の漢字指導を終えておく必要があります。しかし、3学期の漢字を先にやるといっても1、2学期の漢字の復習もさせたいと思いました。ちょうど、1年分の漢字がまとめられたプリント集があったので、それをさせることにしたのです。どの漢字が1、2、3学期の漢字かが分からなかったので、1、2学期の復習と3学期の予習とをごちゃまぜにして進めていきました。そうして、2週間かけて1年分の漢字の復習と予習を終え、冬休みの宿題として、1年分の漢字が入ったプリントを宿題として出しました。そこでポイントになったのは、そのプリントを子どもに渡すのではなく、「冬休み明け、全く同じ内容の漢字テストを実施しますから」という言葉を添えて、個別懇談会で保護者の方に直接渡したのです。そうすることで、保護者の方もいつも以上に、子どもたちの宿題を見てくれたようです。

そして冬休み明け、漢字テストを実施しました。普段、20問のテストで40点ほどの子が、200問程度あるそのテストで、80点以上をとったのです。これは私にとっては衝撃でした。私がやったことをまとめると、冬休み前に漢字の予習、復習を集中的に行ったこと。冬休み明けに実施する漢字テストの対策を、子どもたちに宿題として与えたこと。この二つだけです。今までやったことのない実践とは言いながら、実践内容そのものは、それほど高度でもなく時間を要するものでもありませんでした。しかし、そこから生み出された結果は、今まで見たことのない高い結果でした。

音読、百ます計算、漢字前倒し学習は、それぞれ全国で実践され活用されていますが、実は、まだまだそれらを完全に活かせていないのではないか。すでに、学校に地盤をもたなくなった私ではありますが、今さらながらその存在の大きさに、もっと実践しておくべきだったと今は思っています。

第2章

徹底反復
―その具体的方法

徹底反復の全体像③

徹底反復研究会　中国支部
山根大文

○同期と会って思ったこと

先日、同期の友人に会いました。熱心な先生です。家庭の話、学校の話、たわいもない話をする中で、「どうすれば、学力が上がるのか?」という話題になりました。その先生の持論は、「普段の授業こそが大切で、放課後に軽く『今日の授業、うまくいった?』『こんな感じでやったけど、よかったよ』と話し合う習慣が大切ですよね」とおっしゃっていました。私も大いに共感できました。普段の授業こそ、内容は違えども、その先生に応じた、ある一定のルーティーンを繰り返す、徹底反復だと感じたからです。その先生は、そのルーティーンを「展開力」だとおっしゃっていました。「父さ～ん」と妻がやってきて、話はそこで終わってしまったのですが、「ふん、ふん」と同期の話を聞き入る中で、数年前のある経験が私の脳裏に、もやもやと浮かんだのです。

○どうやったら学力が上がるのか?

広島県では5年生を対象に、毎年、「基礎・基本　定着状況調査」が行われます。その結果により、その学校の学力がどの程度であるか教育委員会に評価されるようです。ある年の在籍校の5年生の学力は、国語・算数とも県平均を15～20ポイント下回り、教育委員会から指導が入りました。校長は、臨時に教頭、教務主任、研究主任、生徒指導主事、保健主事を呼び、協議を行いました。当時、私は保健主事で、その会議の中では最年少でした。「どうすれば学力が上がるのか？」という問いに、諸先輩方の多くの経験から活発な意見が出ることを大いに期待しました。しかし、議論は低調で、具体的な案が出てきませんでした。どんなに経験がある先生方でも、「どうやったら学力が上がるのか？」この問いに明確に答えられないこと、ましてや学校を運営する校長先生ですら、その問いに答えられないことにショックを受けました。子どもに学力をつけることが、教師の第一義のように感じていたのですが、実は、調査問題を目の前に出されると、案外、それは難しいもののようでした。

○私が提案したこと

そこで私は、陰山先生時代に土堂小学校で行っていたモジュールタイムをモチーフに（そのことは会議では言いませんでしたが）、朝の時間に15分の帯タイムを設定することを提案しました。その時間で音読、計算、漢字を徹底指導することを提案したのです。その効果は、明確ではありませんが、今でも在籍校には帯タイムが残っています。

○基礎・基本を徹底する意味

昨今の研究授業は、「思考力・判断力・表現力」が求められています。そのことは決して、悪いことではありません。ただ、我々が考えなければならないことは、その授業に耐えられる子どもが、一般のクラスには1～2割程度しかいない、という事実です。勉強の苦手な、あるいはある程度できるが、うまく人間関係がつくれない子どもたちには、苦痛で仕方がない授業になってしまいがちです。多くの公立小学校で、このような問題が起きていると思うのです。

○だからこそ帯タイムが必要

ですから、私は、帯タイムの時間に、まずは、漢字の学び直しからスタートします。本当は、音読、百ます計算、漢字とモジュール的に組みたいのですが、今の帯タイムの時間は10分間しかないので、漢字に絞っています。なぜ漢字なのか？それは、子どもたちが一番最初につまずくのが、漢字だと感じるからです。漢字が読めたり、書けたりしないから、教科書を開く気にならないのだと思います。算数の問題を解こうにも、漢字が正確に読めなければ、問題文すら読む気にはならないでしょう。勉強につまずくので、そこから自信をなくし、先生や友達に不適切な行動をとるのだと思います。場合によっては、ひらがな、かたかなからつまずいている子どももいるかもしれません。そのつまずきを徹底的にチェックし、改善するのです。具体的には5年生の場合だと、ひらがな➡かたかな➡1年生の全漢字➡2年生の全漢字➡3年生の全漢字➡4年生の全漢字➡5年生の全漢字（2学期半ばになります。漢字前倒しの効果があります）の順でやっていきます。B4用紙の左側に答え、右側に問題の書き取り用紙を準備しておきます。半分に折り、3分間で左側の答えで、漢字を練習させます。残りの3分間で右側のテストをします。2分間で答え合わせをさせ、左側の解答に間違えた漢字に丸をさせます。残りの2分間でファイルにとじさせます。これを5回繰り返します。すると、漢字が苦手な子も、8割程度、漢字が書けるようになってきます。8割とれそうにない子には、自主学習ノートで、間違った漢字だけでよいので、練習してくるように伝えます。特に得点を記録しなくても、前のプリントをみれば、自分がどれくらい書けるようになったかが分かります。つまり、自分の成長が分かるので、自信をつけることができるのです。

○帯タイムを軸としたサイクルをつくり上げる

学力をつける元は、子どもの心を鍛えることです。「めんどくさい」「まあいいや」のいい加減な気持ちが、学びの姿勢を妨げます。そのため、教師は、子どもの心をいつもみていなければなりません。どこでみるのか？いろいろなポイントがあると思いますが、毎日、一定の質で繰り返すことができるのは、連絡帳と宿題だと思います。連絡帳は、「止めながら、枠から出さないように」という指示を出し、「A・B・C」で評価します。提出しなかったり、いい加減な字で書く子ができたりしますので、その子たちに、「今の気持ちはどうですか？」と問います。宿題も同様です。漢字は、「枠からはみ出さないように、止めながら」、計算は、「筆算をしているか。最後の問題が正答か」、を中心にみていきます。できていなかったら、すぐにやり直しをさせます。その時に、必ず聞くのが、「この時の気持ちは、どんな気持ちだったの？」です。宿題をするのは難しいのです。誰もいないところで、自分と向き合い、実力で勝負しなければなりません。遊びたい、やりたくない、という誘惑にも勝たなければなりません。その誘惑に勝った者、精神的に強い人間が、きちんとした宿題を提出することができるのです。クラス全員が「めんどくさい」「まあいいや」の気持ちを脱却した時、初めて、「思考力・判断力・表現力」を育成できる授業展開が可能になると思うのです。

○テストであげる

テストは、評価である一方、指導だと思います。国語、算数、理科、社会とも、大まかにテストに出る問題を教えておきます。しかし、答えは教えません。ノートや教科書を参考に、自主学習ノートを使って復習させます。私がよくないな、と思うのは、教師が事前にテスト問題を見ずに、テストを実施することです。算数では、授業でもドリルでも練習していない問題が市販のテストに出ることがあります。点がとれない子がたくさん出て当たり前だと思うのですが、皆さんはどう思われますか？私は、出る問題を教師が把握し、きちんと指導したうえで、テストに臨ませるべきだと考えています。その問題を復習し、努力してテストで点をとった子は、ますます自信をつけることでしょう。自信をつけた子は、教師や親が言わなくても、自ら学んでいきます。学ぶことが楽しくなってくるからです。子どもに自信をつけさせることで、学びのサイクルを創り上げていくのです。

○集団行動をみる

ある程度、学力が高いのに集団に入りにくい子がいます。話に入れないために、友達にちょっかいを出してしまい、トラブルになることがあります。そのような子たちは、自分たちがクラスで受け入れられていないという疎外感をもっているのかもしれません。私は、その子たち自身が集団に入っていけるように、コミュニケーションスキルを教えます。トラブルになった時、「相手の目を見て話していたか」「自分の体の軸は相手の体の軸と合っていたか」を思い出させます。これが自分の思いを伝える、コミュニケーションの第一歩だからです。ちょっかいを出された子や周囲の子たちも、一定の子ばかりと話をせずに、トラブルを起こした子を意識して声をかけたか、話をします。すべての子どもたちは、クラスみんなが仲良くなることを願っていると思います。しかし、お互いにコミュニケーションの取り方を知らないので、トラブルになりやすいのです。学級という集団の中でお互いに受け入れ合っている雰囲気も、学習を進める上では重要な要素になってくることでしょう。知っていること、分かったことは、友達に伝え、認められ、初めて喜びに感じられるからです。

○でも、自分のクラスしかできない

帯タイムを軸にした、学力向上の方法を述べてきました。最後に思うのが、「ぐるみ」の取り組みの重要性です。次の年になれば、次の先生のやり方で子どもたちは変わっていきます。結論的に言えば、学校のシステムを創っていくことが重要なのです。今は、一学級の担任がすごい力量をもって活躍する時代ではなく、マネージメントで校長が学校を創る時代が来ているように思うのです。しかし、校長のマネージメントは一般企業以上に難しい面があるように感じます。私自身は、まだまだ修行が足りないな、と同期が去った後、もやもやと思ったのでした。

第2章

徹底反復
―その具体的方法

漢字前倒し学習

徹底反復研究会　埼玉支部
山下隆行

○新年度は「漢字前倒し」でスタート

新年度のスタート時はとても忙しいものです。新しい学年、新しい校務など教材研究をじっくりしている時間などありません。しかし、一年を運命づけるといっていいこの学級開きの一番大事な時間を自己紹介やあまり意味のないレクリエーションなどをしてだらだらと過ごしてはいけないと考えています。子どものやる気が高まっている新年度こそスタートダッシュをかけ、スピードとテンポのある授業スタイルを早期に確立し、指示し、作業させ、学級づくりをどんどん進めたいものです。結果を出して子どもに成功体験を積ませ、「変われるかもしれない」という気持ちにさせたいと思っています。そこでおすすめなのが「漢字前倒し学習」です。教材研究に時間をかけなくても指導ができます。以下、私のやり方を紹介します。

①書き順だけ指導

子どもは複数の情報を同時に処理することが苦手です。そこで、まず書き順だけを指導します。読みや部首、覚える作業などを一度にやると作業スピードがどうしても鈍ります。「板書で漢字の書き順を確認し、空書きで確認」のリズムでどんどん進めていきます。すると、リズムが生まれ、書き順の原則にも気付きやすくなるのです。書き順だけに絞るとスピーディに指導できるので、国語の授業の中で導入の10分程度の時間で、1日10個以上の漢字を扱うことができます。

②読みの指導

漢字ドリルに示された例文の読みを練習します。ただ読むだけではつまらないので、全体である程度読めるようになったら教師がスピーディに範読し、かかったタイムを示します。同じスピードで読めるように子どもが練習するという流れで進めます。

③テストの練習の指導

漢字ドリルに付属しているテストを何度も繰り返し練習します。初めは分からなかったらドリルを見てもよいことにし、テストに解答する練習をします。その際、初めは教師が丸付けをしますが、慣れてきたら子ども同士に丸付けをさせます。子ども同士で間違いをみつけ合うことで、とめ、はね、はらいに注意が向けられるようになっていったり、教師が低位の子の回ることができたりするなどの効果があります。

④日程を示し、テストを繰り返す

ポイントはテストの練習を通して全員が百点を取れるようにしておくことです。1日に1回漢字テストを実施して、何度も何度も繰り返し、定着を確認しながら一人ひとりの勉強への取り組み方を観察します。見直しの仕方や、家での取り組み方などを指導します。

このように指導しても子どもはしばらくすると忘れます。したがって、定着するまでテストを繰り返していくことが大切です。勉強が苦手な子も同じことの繰り返しなので取り組めば成果が必ず上がります。教師が寄り添いながら、毎回確実に点数を上げられるようにします。漢字の覚え方など家庭学習にどう取り組めばよいのかを、繰り返し具体的に指導していくのです。こうして、全員が成果を上げられるようになります。さらに勉強の得意な子にどんな勉強をしているのかを発表してもらうなどの機会をつくることで家庭学習の方法もクラスの中で共有されるようになり、特に「勉強しろ」と指導しなくても子どもなりにテスト対策をあみ出すようになっていきます。こうした話し合いをもつ中で、テストの3日前から計画的に見直しを始め、当日の朝にもう一度確認してから登校するというスタイルが気に入ったようで、取り組む子が増えました。子どもたちの話を聞いていると、「短時間集中で定期的に何度も見直す」ということが定着に成果を上げることに気が付いたようです。

特に、漢字の定着が優れる子は、学校で習っている時に覚えてしまう高い集中力の持ち主であることにも気付き、授業の取り組み方も変化してきました。

慣れてきたらドリルの順番通りにテストをするのではなく、実施前にあみだくじで今日実施するテストを決めるなどの変化をさせることで、子どものやる気を持続させます。

1年生を担任した年も、9月には全ての漢字の学習を終え、テストに入っていくことができました。1年生でも自分なりの勉強のやり方をあみ出していました。どの学年でもできるはずです。

こうした取り組みを年間を通して繰り返していけば、漢字の力はかなり高まります。ある程度定着してから部首や使い方を指導した方が効率がよいでしょう。

しかし、ここまでやっても春休みを挟めばまた定着率が落ちるということも現実です。このことから分かるように「徹底反復」でなければ子どもに定着しません。教科書通りに順番に教えていって3学期に習った漢字が子どもに定着しないというのは当たり前のことに思えるのです。さらに「習った漢字も、繰り返し忘れないようにメンテナンスをしなければ忘れる」ということを頭に入れて指導しなければ全ての子どもに漢字の力をつけることは難しいと思います。子どもにメンテナンスの習慣を身に付けさせることまでできて、教師は子どもに漢字を定着させることができたと言ってよいのではないかと考えます。

「漢字を教えた」という事実をつくることではなく、教師が「結果に責任をもつ」という意識をもつことが重要です。どうしたら漢字の定着率を上げることができるか、それは、「定着するまで繰り返す」という当たり前の方法しかないのです。

第2章

徹底反復
―その具体的方法

百ます計算①

徹底反復研究会　愛知支部
髙木義将

○「ます計算」で子どもの伸びに初めて気付くことができた

子どもは伸びる。子どもは変わる。

今では当たり前に感じる言葉ですが、新卒時の私には、それを体験的に感じることは困難でした。学級はトラブルの連続。なんとか一日を切り抜けるのが精一杯。当然、「子どもの伸び」なんかに気付けるはずはありません。当時の私は、「子どもなんて、毎日同じ」だと思っていました。

そんなときに出会ったのが、陰山先生の「ます計算」でした。

子どもが熱中する。教室がシンとなる。短期間で効果を発揮する。子どもたちの計算の記録を取り続けることによって、私は初めて「ああ、子どもは伸びるのだ」、「子どもは変わるのだ」と体験的に気付くことができました。

それ以来、私は計算や音読などの「短時間×多回数」の学習がもつ力、継続して実践を行うことの大切さを学ぶことができました。

「ます計算」は、どの学年どの学級を受け持っても、私の実践の要になってきました。

○「ます計算」で号泣　神様がくれた出会い

そんな私が出会ったのが、2年生のA君です。彼を担任する前から、彼のことは知っていました。だって、彼の授業中に発する泣き声は、上の階の教室にいた私のところまで、思い切り響き渡ってきていましたから。

彼は、自分ができないことにぶつかると、大声で泣き叫びます。「僕はバカだ！」「できない！」と、パニックになって叫びます。「ます計算」の時も例外ではなく、私が「よーいドン！」とタイムを計り始めると、一気に呼吸が浅く、速くなり始め、表情が歪み、大声で泣き始めます。その声は、教室中に響き渡り、計算が終わった後も、5分は泣き続けました。

「大丈夫だよ」、「ここまでできればいいよ」、「うまくいかないときもあるよ」などと声を掛けても、泣き叫ぶ彼の心には届かず、とにかく落ち着くのを待つしかないという状況でした。

○「瞑想」を取り入れる

彼と出会ってから、私が興味を持ち始めたのが「瞑想」です。姿勢を正し、呼吸を深くゆったりと行い、意識を集中する。それが瞑想です。

なんだか宗教的なイメージのあるものですが、私は一つの呼吸法であると捉えています。最近では「マインドフルネス」という名で医学界から注目されたり、女性誌などで取り上げられたりするようになってきました。

私はこれを彼に試してみました。ちょうどその頃、陰山先生も、「鼻から息をゆっくり吸って、止め、口から少しずつ息を吐く」という呼吸法を「ます計算」の前に行い、子どもたちのタイムが劇的に上がった、という話を徹底反復研究会の運営会議でされており、これは試すしかないな、と思っていました。

結果は、見事ヒット。初めて彼が泣かずに30ます計算をやりました。そんな彼の頑張りを認め、励まし、1学期の終わりには50ます計算にまで実践をレベルアップすることができました。

○タイム係をさせる

長い夏休みを終えた後の2学期。今度は60ます計算に挑戦してみたところ、また彼の泣き声が教室に響き渡りました。夏休みの間に、感覚がもとに戻ってしまったのでしょう。以前よりも大声で泣くようになってしまいました。実践は再スタート。とにかく彼が泣かずに「ます計算」の時間を過ごせる方法を考えました。

瞑想は、とても効果のあるものでしたが、行事が続く忙しい2学期に行うには、ちょっと時間がかかりすぎ、なんとなく授業のテンポもストップしてしまうので、学級全体をこれから育てていくためにはクリアしなければいけないことになりました。

そこで試してみたのが、彼を「タイム係」にすることです。ストップウォッチを首から下げてやり、私と一緒に友達の前に立って「よーいドン」とタイムを計らせました。

優越感に浸れるからでしょうか、彼は必死に計算に取り組む友達の姿を笑顔で見ていました。自分をメタ認知する力も上がるかと思い、試してみた作戦でしたが、その後、他の子どもたちの「(タイム係を)僕もやりたい」「私もやりたい」という声が上がったため、中断することにしました。また、彼の集中力を高め、自身の伸びに気付かせるためにも、いつまでもタイム係をさせるわけにはいきません。

○問題を簡単に

そこで行ったのが、彼の問題を、まわりの友達よりも簡単にすることです。「ます計算」の端に書いてある「足す数」や「引く数」を、0や1、2などの小さい数字に変えてやってみました。他の子どもたちには、なぜこうするのかをきちんと説明をし、理解してくれるよう話しました。子どもというのは優しいもので、彼だけ問題を簡単にすることに「いいよ!」と快く返事をしてくれました。問題を簡単にしての「ます計算」。これもヒットしました。60ますの計算にも、泣かずに取り組めるようになりました。こうなれば、あとは泣かずに計算をする体験を積み重ねていくだけです。少しずつ少しずつ問題の難度を上げていき、ゆくゆくは、他の友達と同じ問題を解けるようにしていきたいと考えています。

まだまだこの先にどんな困難が待ち構えているか分かりませんが、今はそれをクリアするアイデアを考え、試していくことが楽しくて仕方ありません。

第2章

徹底反復
―その具体的方法

百ます計算②（Q＆A）

徹底反復研究会　副代表
山根僚介

私が初めて百ます計算を始めた15年前、まだまだ現場ではアレルギーが根強くありました。「ストップウォッチで子どもたちを追い立てるのか」「低位の子をスポイルする方法だ」など、数多くの批判も寄せられました。ただ、批判の多くは誤解によるものが多かったと思います。ここでは、百ます計算でありがちな誤解や疑問にお答えし、子どもたちにとって有効な百ます計算を実践する一助としていただけると幸いです。

Q1　毎日同じ問題をすると答えを覚えてしまうのではないでしょうか。それを防ぐためには毎日違うプリントをさせた方が効果的だと思いますが。

A1　よく聞かれる質問です。そもそもですが、百ます計算を「何のために」行うのでしょうか。この【百ます計算の目的】から誤解されていることが多いと思います。Q1の方が仰っている「効果的」とは何の効果でしょうか。恐らく計算力を高めるという効果であろうと思います。私は計算力の向上はもちろん効果としてあると思いますが、副次的なものだと思います。百ます計算の本来の効果は『集中力向上』にあります。短時間でも計算に集中して鉛筆を走らせる、あの時間に養われているのは集中力なのです。仮に答えを1、2行覚えてしまったとします。スタートと同時にものすごい勢いで書き込むことでしょう。まさに集中力を発揮しているのではないでしょうか。(それによって計算力が低下したという例を私は存じません)。よって、毎日同じ問題に取り組ませることが大切なのです。最低でも2週間は同じ問題にしてください。私は1か月間問題を変えないこともあります。

Q2　制限時間3分で行っています。しかし、速い子は1分少々で終わってしまい、他の子に話しかけたり手悪さをしたりしています。

A2　計算力には当然ながら個人差があるので、百ますの終了時間はバラバラになるのが当然です。まず押さえておきたいのは、計算が遅い子が全部終わるまで待つようなことは絶対にしてはいけないということです。計算が苦手な子は百個のますを埋めるだけで20分以上かかることもあります。その間、友達からの好奇の目にさらされながら、また、みんなを待たせたまま、計算を続けなければならないのは地獄でしかありません。絶対に制限時間を設けてください。学級全員が初めて取り組むのなら5分、慣れてきたら3分、鍛えられた学級なら2分程度が目安です。例えば5分間やってみて今日27問解けたのなら、明日は28問解ければよいのです。その子の中での伸びを認めてほめてあげてほしいと思います。さて、逆に速い子への対処です。百ます計算のプリントに一工夫します。百ます計算を上下2段で200問分印刷するようにします。速い子は制限時間内に終わり、タイムを記入したら即、下の段の百ます計算に取り組みます。下の段はタイムをとる必要はありません。これが3分なら3分の制限時間内は全員が集中し続けるための仕組みです。取り組みを進めていると、制限時間内に2段とも終えてしまう子が現れます。この子が集中を持続するために、欄外にエレベーター計算をすることを事前に指示しておきましょう。やり方：今日が9月25日なら筆算で925＋925をする。答えの1850に925を足す。これを10回繰り返すと9250になります。答え合わせが要りません。まだ時間が余るのなら、そこから925を10回引きます。これは答えが0になります。このように、集中を維持するための仕組みを整えることが百ます計算では重要なのです。

Q3　算数の授業の冒頭で行っています。答え合わせまで入れると10分はかかってしまいます。授業時間が削られるのが困りものです。

A3　百ます計算を行うための時間設定が問題になることは珍しくありません。学校全体で取り組みを進めているところでは多くが帯タイムで実施していることでしょう。しかしそれが許されずやむなく算数の授業の冒頭で行っているケースもあるようです。どちらにしても百ます計算に10分もかかってしまうようでは毎日続けることができません。まず申し上げたいのは、『答え合わせは必要ない』ということです。答え合わせは計算が合っているかどうかを見るものですが、そもそも計算力向上が主目的ではありません。例えば3年生が一桁の足し算をそんなに間違うでしょうか。また、百ます計算で1、2個間違えたとして、百個答え合わせをすることでその子の計算力が劇的に高まるでしょうか。実際はそれにかけただけの時間に見合う効果がないのがこの答え合わせです。

2点、念のため申し添えます。まず答え合わせ自体を否定するものではありません。百ます計算に限ってのことです。そもそも3年生が1年生レベルの足し算をたくさん間違えている段階で、その子は百ます計算によって計算力向上云々の前に個別指導が必要です。また、全く答え合わせをしなくてよいというわけでもありません。時々、抜き打ち的に答え合わせをすることもあります。全く放任では適当にますを埋めようと考える子が現れることもあるからです。どちらにしても、放課後に学級全員の百ます計算の○付けを、先生が毎日するようなことは業務改善に真っ向から逆らう行為です。

Q4　タイムにこだわってしまい、適当な数字でますを埋めている児童がいます。集中はしているようなのでこのままでいいのでしょうか。

A4　集中力以前の問題です。先生の指導力を存分に発揮し、真摯に向き合うように話をしてあげてください。これは様々な学校生活の中の全てに言えるのではないでしょうか。

Q5　百ます計算を始めましたが、ますの多さに子どもたちが「無理！」「できるわけないじゃん！」と拒否反応を示しました。

A5　大人でも百回計算しろといきなり言われたら嫌なはずです。そこでまずは10ます計算から取り組むことをお勧めします。百ます計算の1行分だけです。これを1枚に10行分印刷しておきましょう。最初は＋0で行います。10ますなので数秒で終わると思います。初日はこの＋0だけを10回行ってもよいでしょう。ここで子どもたちに「やってみてどうだった？」と尋ねると、「簡単！」

と答えるでしょう。翌日は＋0を数回やった後、「＋1でやってみよう！」とレベルアップします。そうやって子どもの様子を見ながら、次第に＋2や＋3と、レベルアップしていくのです。2週間も続ければ、百ますにも移行しやすいと思います。また、繰り上がりを習っていない1年生なら、25ます計算や階段計算など、繰り上がりのないます計算でスモールステップを踏み、少しずつ百ますに慣れていくとよいでしょう。

Q6　一般的には横向きに計算していくと思いますが、何人か縦方向に計算している子がいます。これでよいのでしょうか。

A6　これに関しては何とも言えません。実際に縦でも十分に集中してタイムを上げていった子どもを何人も見てきました。また、基本的な十ます計算も縦バージョンのものも市販されています。大切なのは集中しているかどうかだと思います。ただし、横でも縦でも、1列の中で順番通り計算するべきだと思います。例えば、横向きに計算するときに百ますの上にランダムに並んでいる数字の順ではなく、0、1、2、3…とますを飛び越えながら数字の順に書いている子に出会うことがあります。しかし、やはりタイムは伸びにくい上に副次的な計算力向上も期待できません。また、いきなり＋0の行から始めるのも同様です。やはり、最初から順番にやっていくのがよいと思います。

Q7　本校の帯タイムでは月曜と木曜が百ます計算の日です。火曜が音読、水曜が漢字、金曜が文章題練習です。あまりタイムが縮まないのですが、どうしたらよいでしょうか。

A7　帯タイムの時間設定で最も多い誤解がこの週メニューです。ある書籍では、「半年で15回の百ます計算をしたが、全く効果がないのでやめてしまった」と批判されている文章を拝見しました。これは極端な例ですが、間違ったユースウェアなのに百ます計算自体を批判されると大変残念です。

百ます計算は、毎日行うことが大原則です。Q7のように飛び飛びで行うやり方ではほとんど効果がないと思います。帯タイムが15分しかなくても、百ます計算は3分から5分あればできます。それだけでも毎日やることで確実にタイムが縮んでいきます。そして残りの時間、工夫次第で音読はもちろん、漢字や文章題、各教科のフラッシュカードなどかなりの量が実施できます。ここで大切なのはメニューは一定期間固定することです。15分構成の場合、音読4分、百ます3分、漢字5分、フラッシュカード3分のように組み、それを2週間は固定するといったやり方です。毎日同じ構成なら、子どもも次の動きへの見通しを立てやすく、より集中しやすくなります。さらに音読も4分の中で工夫できます。初日に「春暁」を4分かけて読んだとしても、次第に速くなります。そこで「春暁」を1分にし、残りの3分で「静夜思」を読みます。さらに練習が進めば「春暁」と「静夜思」で1分半、残り2分半で「つとに白帝城を発す」など、読む詩文を増やしていくと子どもも飽きません。

ここまで七つのQ&Aを書きましたが、共通しているのは《子どもが集中しているか》に尽きます。この視点を忘れず、全ての子どもが自分の伸びを実感して、楽しく集中力を向上できるよう、取り組みを進めていっていただければと思います。

第2章

徹底反復
―その具体的方法

音読①

徹底反復研究会　東北支部
駒井康弘

○言葉はそもそも音声である

言葉はいかにして生まれたかと言うと、その昔、人間が今より猿に近かった頃、人類はなにがしかの音声を発し、その音の共通部分を互いに共有、共通のものとして長い年月をかけて作り出した、というのが妥当なところのようです。

こんなことをつぶさに書いた本もありますが、赤ん坊が喃語《なんご》（「あ〜あ」「う〜」の類い）と言われる言葉ともつかぬ言葉を発し、母親により確認作業が繰り返されて、言葉を覚えさせていく過程をご覧になったことがある方であればすぐに合点がいくでしょう。これが通常の言語獲得です。嬰児は聴覚がもっとも早期に発達することは研究で明らかにされています。つまり、お腹の中にいるときから母親や外界の音を聞いてこの世に誕生してくるわけです。

人間が言葉を獲得するのは通常音声が先であることは、先の説明がなくとも自分の生育過程を思い出してみれば容易に想像できることです。

耳で聴き、口まねをしながら言葉を脳に入れていくのが通常ですから、文字で書かれてある文章も、まずは音読する、音声化することは自然であると言えます。

○読字力

子どもが文字を音声化、音読すること、読字力には個人差があります。耳で聞き覚えた言葉が多ければよいのですが、それが貧しい場合は文字を認識する能力が非常に低いことがあります。貧しい場合というのは、親が絵本の読み聞かせをしていない場合です。私がこれまでに担任してきた数百人、数百の家庭を観察したところによると、就学以前に豊富な読み聞かせを経験している子どもと、ほとんど経験していない子どもとでは比較にならないほど読字力に差があります。

文字によらない耳で記憶した言葉の質や量が、その後の初等教育に猛烈な差を生んでいくと言っても、決して過言ではありません。

就学時健診で次年度入学予定の幼児を観察すると、少し対話するだけで「この子はできる」と思わせる子と逆の子と、その差を認めざるを得ないことが多々あります。

小学校の国語の初めは五十音、平仮名の読み書きから始まります。あらかじめ知っている言葉に対応して文字を当てはめていく作業です。ですから、耳で覚えている言葉の量が多い方が入りやすいのは当然です。

しかし、現代は様々なメディアが発達しており、テレビ放送に留まらず、母親が家事をしながら録画映像やＤＶＤを見せておく、寝付くまで見せておく、などということが日本中の家庭で行われていることは想像に難くありません。かく言う筆者の子育てもＡＶ機器に頼った経験があります。同時に、機器によって人を介在しない時間を生み出してしまいます。

○『論語』の素読

この現状を初等教育はどのように打破するのか。それは『論語』の素読であると断言します。

日本人の識字率が一気に上がった江戸時代、寺子屋の教育方法に学ぶべきです。教育制度、学習指導要領は変わります。時代の変化に合わせて、表面的なことは変わります。しかし、それは表面です。根本・本質は不変です。誰が何と言おうと不変です。ＡＩの時代になろうと、学力の基礎基本は「読み・書き・そろばん」です。日本は江戸末期から明治初期、諸外国によって激しく圧力をかけられました。鎖国の間に欧米が想像もできないほどの文明を築き上げていたのです。日本人はその差に愕然とし、猛烈に学びました。あらゆる外国の学問を和訳し学びました。和訳するだけの質の高い言葉を日本語はもっていたのです。足りなければ創るのですから、その対応力は素晴らしいものです。現在、英語が世界を席巻し、コミュニケーションの主力は英語です。ですが、第一言語をしかと獲得せぬままに他の言語は入りません。昔の人々がなぜ対応できたのか、それは庶民のレベルで豊富な日本語をもっていたからです。

寺子屋で行われたことは、四書五経の読み書きであることは有名です。特に『論語』の素読は最もポピュラーでしょう。『論語』の素読を初等教育に復活させることは、今後の日本国を21世紀以降も先進国として成立させるもっとも簡便な方法です。何しろ1日5分でいいのです。しかも、素読するだけですから指導に差が出ません。

『論語』は日本語に書き下されています。この書き下し文は非常にリズミカルです。歌を覚えるように、意味は分からずとも幼児のように耳で覚えるのです。

（故）伊與田覚（いよた・さとる）先生が浄書された『仮名論語』（論語普及会～現在、Amazonでも入手可能）はその名の通り仮名がふってありますので、誰でも読めます。音読が苦手な児童は反復が訓練になり、すらすら読めるようになると自信をもちます。みんなで素読すると、自分が文字を追わなくても、門前の小僧のように耳で覚えてしまいます。繰り返し素読していると、暗記します。繰り返し声に出して読んでいると覚えることができるのだなと、体で実感できます。つまり、暗記癖がつくのです。音読が脳を活性化することはすでに証明されています。子どもだけでなく、教師も一緒にやりますから、自身の脳も活性化し準備運動にもなります。有り難い言葉がずらりと並んでいますので、徳性も同時に体にしみ込みます。心の支えとなるような言葉が入ってきます。

非常に簡単な実践です。だから続くのです。

効果を実感できます。だから続くのです。

続くからより効果が上がるのです。実践すれば分かります。

第2章

徹底反復
—その具体的方法

音読②

徹底反復研究会 神奈川支部
小西範明

○音読学習と英語学習

音読学習は英語学習であり、英語学習は音読学習である。こう言ってもいい程、語学習得において音読は重要なものです。

ハインリッヒ・シュリーマンは、18か国語に精通した考古学者でしたが、彼は文章を丸暗記し、音読するという勉強法を実践していました。現代においては、多すぎる教授法や教材に惑わされ、この基本的な音読が軽視されているのではないかと思うのです。

小学校における外国語活動に話題が集まっていますが、音読を中心に学習しているということはまだあまり聞きません。

また、教員自身の英語力向上が求められている中、教授法のセミナーはあっても、実際に毎日音読して研鑽している、という人に出会ったことがありません。

その意味において、今回は英語学習の指導における音読の重要性を少し述べたいと思います。

私は先日、縁があって、勤務校以外の知り合いの保護者と小学4年生の児童に対して、完全なボランティアとして家庭で英検の指導をする機会を得ました。私が音読と繰り返し指導に力をいれているということをこの親子が知り、希望していたため実現したのです。私が行った指導は次のような状況と内容です。

【指導の状況と内容】
・勤務校から隣の市の家庭
・小学4年男子（話をきちんと聞く。英語は公文式。他の教科もできる）
・1週間に1回、1時間×8回の指導（全てボランティア）夏期から実施
・教材は旺文社で英検5級の2週間で完成するもの
・指導中は保護者が後ろで見守っている

指導としては毎回形式化しており、2DAYS分を1回でやる⬇見直しをしてできなかった分をその日に繰り返し音読する、のパターンで行いました。

最後の2週間はこれまでに間違えた分に印をつけておいて、そこを重点的に行いました。それでも間違えた場合はそこを繰り返し音読しました。英検の結果は、まだ出ていませんが、最後の模試では合格点とされる点を上回ることができたので、合格できるだろうと思っています。

最終日には、親子で最後の最後まで見送っていただき、感謝の気持ちを表してくださいました。最後に簡単な感想を書いてもらいましたが、それが非常に示唆に富んでいるので紹介いたします。

・音読して学習することについて　⬇　すこし難しかったけど楽しかった。
・繰り返して学習することについて　⬇　すこしつらかったけど分かりやすかった。

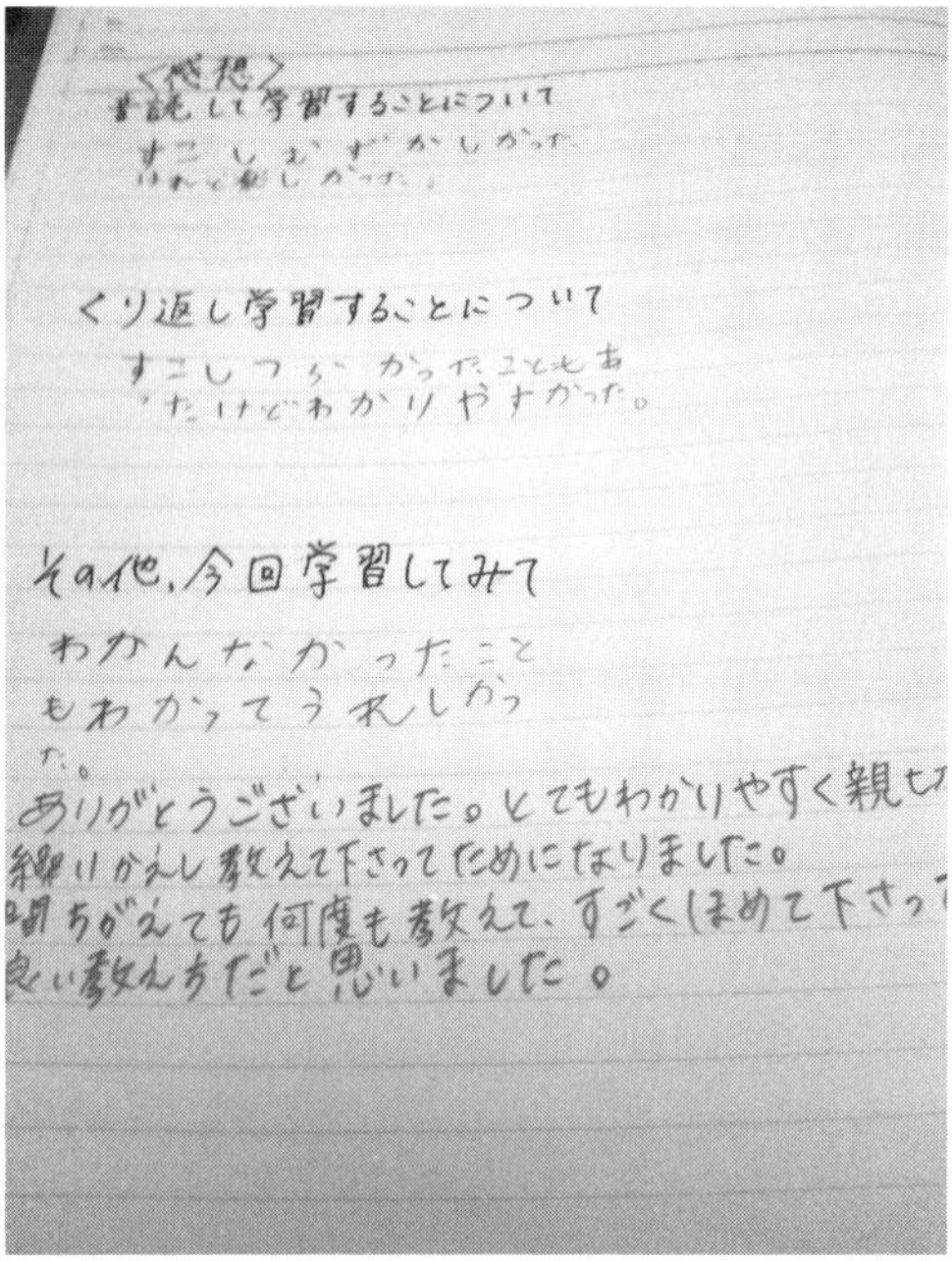
<感想>
音読して学習することについて
すこしむずかしかった
けれど楽しかった。
くり返し学習することについて
すこしつらかったこともあ
ったけどわかりやすかった。
その他、今回学習してみて
わかんなかったこと
もわかってうれしかっ
た。
ありがとうございました。とてもわかりやすく親も
繰りかえし教えて下さってためになりました。
間ちがえても何度も教えて、すごくほめて下さって
良い教え方だと思いました。

つまり、音読や繰り返し学習は、負荷があるものの、それらを上達している実感やほめられる喜びなどの意欲を増すことで、継続力が生まれ、学習が定着し、効率的な基本的な学習法となることを再確認できます。負荷が高いからこそ一人ではなく皆で行い、毎回やることが決まっているということで子どもには学習の見通しがもてるのです。全体指導でも、このことは生かすことができます。

私自身の今回の指導を振り返ると、以下の通りです。

・問題が解けない部分は音読ができない部分であることを自覚しておくとよい。
・集中が切れそうになったらあと1分、あと1問と、最後の追い込みが精神力の強化につながる。
・リビング学習はよい。隣に人がいる安心感は精神的なリラックスとなり、集中できる。

ちなみに、今回の指導中、陰山先生が書かれた「しゃべって覚える小学生の英会話」（学研プラス刊）というテキストも家庭においてありましたが、テキストはビジュアル豊かで子どもは引き込まれて学習しているようでした。

今後も自身で英語を学習しつつ、機会があれば校内外で指導の経験を積む中で、指導の研鑽をしていきたいと考えています。

第2章

徹底反復
―その具体的方法

社会科、理科①

徹底反復研究会　事務局長
山崎敬史

○よい授業＝学力（テストの点）につなげにくい社会科・理科

「地域学習をし、よい気づきをして、素晴らしいまとめをした○○さんが、いざテストをしてみるとボロボロだった」

「昆虫博士の△△君が、テストの答えで昆虫の腹から足が生えていた…」

こんなことって案外多くないでしょうか？私は初任であった年に3年生を担任していて、よく体験しました。

次の年は、5年生を担任しました。社会科は、3年生とは比べ物にならないくらいボリュームがあります。行事などのことも考えると、とてもではないですが、「必要な資料を集め…」とか、「問題解決的な学習…」と、学習指導要領に書いてあるような、「理想的な学習」をする余裕はありません。せいぜい、教科書で内容を押さえ、資料集などの資料で確認するくらいです（あと、「先生の知り合いの沖縄の○○先生によると…」などという、徹底反復研究会でつながりのできた先生から聞いた話などの雑談が加わりますが…）。

理科も、学習内容がかなり高度となり、面白さを感じる反面、学級担任をしながら予備実験や実験の準備をすることに、しんどさを感じることもありました。

つまり、「よい授業」で、子どもたちの社会や理科の学力を上げてやろうという意欲や発想は、あまりもてなかったのです。

○5年生を担任した年の例

そういった中で、ある年、5年生を担任した際に力を入れたのが、単元の終わりに行う「まとめ」です。まとめでは、必ずプリントを活用しました。次の資料は、その時に担任したクラスの、単元テストでの観点ごとのデータです。

【社会】

○思考・判断・表現

1学期	89.2%
2学期	91.4%
3学期	94.9%

○技能

1学期	93.7%
2学期	97.4%
3学期	96.9%

○知識・理解

1学期	93.1%
2学期	85.8%
3学期	97.4%

●1学期単元
日本ってどんな国、沖縄のくらし、北海道のくらし、上勝町のくらし、松茂町のくらし、米作りのさかんな地域

●2学期単元
水産業のさかんな地域、これからの食料生産、自動車工業のさかんな地域、日本の工業の特色

●3学期単元
情報化社会、国土の開発、自然・災害

【理科】

○思考・表現

1学期	84.5%
2学期	82.7%
3学期	85.5%

○技能

1学期	89.5%
2学期	88.7%
3学期	93.7%

○知識・理解

1学期	90.5%
2学期	93.1%
3学期	91.7%

●1学期単元
植物の発芽と成長、メダカの誕生、花から実へ
●2学期単元
雲と天気の変化、台風と気象情報、流れる水のはたらき、もののとけ方
●3学期単元
電磁石のはたらき、ふりこのきまり、ヒトのたんじょう

プリントを活用していない場合でのデータがないので、比較のしようはありませんが、結果から見ると、社会科では、「技能」つまり、資料活用の分野で高い効果があったと感じています。比較的、学習のしんどい子が、「社会のテストって、問題に答えが載っているから楽やわ」と言っていたのが印象的でした。プリントの問題で、「資料から読み取って答える」ことを徹底反復した成果だと思います。「思考・判断・表現」の分野も伸びました。これも、資料の読み取りが上手になったから伸びたのではないかと感じています。

理科では、「知識・理解」の分野で大きく効果を感じました。問題を解くことで、学習した内容を言葉で理解できるようになった結果ではないでしょうか。また、「技能」の分野でも、「もののとけ

方」、「電磁石」、「ふりこ」といった実験を伴う学習単元で、効果を感じました。実験器具など、専門的なものを押さえるのに役立つと思います。そして、何より感じた効果は、テストで「崩壊した状態の子」が出なかったことです。プリントであらかじめ問題を解くことで、「何をきかれているのか？」、そして「どう答えたらいいのか？」ということが、どの子も理解できていたのではないでしょうか。

○プリント学習で子どもたちが勉強の仕方を学ぶ

単元のまとめの時間の流れは、つぎの通りです。

①プリントを配る（3～4枚）／②何も見ずに、解いてみる（分からないところはとばす）／③解けなかったところを、教科書やノートなどを見ながら解く／④答え合わせ

そして、その日の宿題は、テスト勉強です。ある子が言っていました。「今年はテスト勉強がやりやすいわ。去年まで、何したらええんか、分からへんかってん」。はっとしました。国語や算数と比べ、社会科や理科では、それほど「問題を解く」ことが学習内容で重視されていないように思います。ただ、やはり子どもが学習しようとすると、「自分が何が分かっていて、何が分かっていないのか」を自分自身で理解することが重要なのではないでしょうか。だからこそ、社会科や理科でもプリント学習が子どもたちを伸ばす上で、とても役に立つと感じます。

○使っているプリントの紹介

私が使っているプリントは、社会習熟プリント、理科習熟プリント（いずれも清風堂書店）です。

第2章

徹底反復
—その具体的方法

社会科、理科②

徹底反復研究会　副代表
山根僚介

○フラッシュカードの活用

社会科は暗記科目。そして、面白くない。こんな声を時折聞くことがあります。社会科が大好きな者としては少々寂しい思いがします。ではなぜそのような社会科の授業になってしまっているのでしょうか。逆に考えると、自分自身はなぜ社会科が好きだったのでしょうか。

私自身は社会科で新しい知識を得ることが何よりの楽しみでした。奥羽山脈や阿武隈高地など行ったことのない地域の地名を知って地図帳で調べ、沖縄や北海道の暮らしぶりを学んだら南国や雪国の暮らしに思いをはせ、何より歴史を学んだら我が国の歩みを壮大なストーリーとしてわくわくしながら知識を増やしていきました。そこにあったのは確かな知識を得たことによる知的欲求の充足であったと思います。つまり、子どもたちに思考させて表現させる授業やいわゆるアクティブ・ラーニングの授業をすれば社会科の学習内容が定着するのではなく、その土台となるべき知識が一人ひとりの子どもたちの中に知識として定着しているからこそ、その時々の学習内容が定着していくのではないでしょうか。もちろん、子どもによって知識の定着には差が生じます。個別に支援が必要な課題がある子は当然個別支援するとして、ほとんどの子どもたちに確実な知識定着を図っていく方法を考えていく必要があります。

教師が昔から活用している方法としてフラッシュカードがあります。B5からA4判くらいの厚紙に、表に覚えてほしい事柄の問題を書き、裏に覚えてほしい事柄を書いておきます。そして最初は表を見せて何人かが答えを言ったら裏を見せることを繰り返していきます。そしてだんだん答えられる子どもが増えてきたら表だけを見せて裏を答えるようにします。さらに慣れてきたらテンポよくスピードを速めていきます。

例えば、第4学年で都道府県を覚えることを考えてみましょう。学習指導要領では47都道府県の位置と名称を身に付けさせることが謳われています。よくある方法は日本地図に都道府県ごとに番号が振られて、そこの都道府県名を書いていくプリントをさせる方法です。しかしこれは子どもの負担が大きく、その割に定着するのに時間がかかります。採点するのも大変です。フラッシュカードなら慣れれば1問1秒程度で行えるため、大変効率的に知識を身に付けることができるでしょう。都道府県名だけなら表だけで行えますが、ついでに都道府県名所在地も裏を使って覚えさせることもできます。3年生なら地図記号、5年生なら山地山脈・平野や河川など、6年生なら歴史人物や事象をフラッシュカードで覚えさせることができるでしょう。ただ、気を付けるべきはフラッシュカードで繰り返せば大丈夫と教師が思い込んでしまい、確認を怠ることです。時々プリントをさせて知識の定着を確認することも忘れないようにしましょう。

平成16年、土堂小学校の陰山校長のもとで私が4年生を担任していたときのことです。私は紙でフラッシュカードを作って都道府県と都道府県庁所在地を繰り返し練習させていました。ほとんどの子どもが、表の県名を見ただけで、裏の県庁所在地が答えられるまでになりました。そこで余裕の感覚で確認テストをしてみました。するとと多くの子どもがかなりの場所を間違えて答えていました。私は驚き、改めて考え直してみました。若さ故か気付かずにいたことがその時分かったのです。それは、名称を覚えていてもその位置を覚えさせていないということでした。これでは名称を覚えた知識も役に立ちません。しかし、地図を含めたフラッシュカードを作ると、後ろの子どもはよく見えません。そして紙を大きくするとめくりにくくなり、テンポが乱れます。困りました。

○デジタル版フラッシュカードの作成

翌日、出勤中にふとアイディアが閃きました。それは、パソコンでフラッシュカードを作り、プロジェクタで投影したらよいのではないかということでした。そのまま学校に到着してから職員朝会が始まるまでの50分間、47枚の都道府県カードを夢中で作りました。このカードを作りながら、本当にわくわくしていたことを覚えています。子どもたちにこのフラッシュカードを見せたらどんな反応をするか、どれだけ覚えることができるか、とても楽しみでした。

早速その日のモジュールタイムから始めました。最初は中国四国地方から始め、九州、近畿、中部、関東、東北、北海道とおよそ2週間で全てのカードを使うことができました。最初は投影された地図を見て「鳥取県！」と言わせ、慣れたら「鳥取県鳥取市！」と県庁所在地名も言わせるようにしました。1か月後再テストしたところ、ほぼ全ての子どもが満点でした。ようやく確実な知識として定着させることができたことになります。その後は授業で遠方の地名が出てきても、「これは○○県だね」と言うだけで子どもたちはおよその位置を共通理解して進めることが容易になりました。子ども同士での話し合いでも都道府県名が飛び交うようになりました（この数年後、47都道府県名の位置と名称が学習指導要領に取り入れられることにもなりました）。

○自分ならではの教材研究を

さて、最近はフラッシュカードだけでなく様々なデジタル教材が販売されたり、無料でダウンロードできたりするようになりました。そこで少し気になるのが、先生自身が教材を作る楽しみを忘れていないかということです。

初めて4年生を担任した24歳の私は、地域に尽くした先人を扱う単元に入る前にぜひ直接現地を見ようと思い立ち、広島県内を1日かけてドライブして回りました。資料集だけでは分からなかった現地の土地の様子や今でも大切にされている物を見て回り、写真を撮りながら、どんなふうに授業しようかと大変わくわくしていました。ぜひ、このわくわく感を忘れないでください。自分ならではの教材研究を！

第2章

徹底反復
―その具体的方法

日々の生活①

徹底反復研究会　中国支部
島田幸夫

○徹底反復と動機付け

音読の実践などで、「どれだけ読ませたらいいのですか」という質問を受けることがあります。実際にどれだけ読ませれば「徹底反復」したと言えるのか、多くの人が疑問に思うことでしょう。

私は、回数よりも結果を見ていくことが必要だと考えます。

・完全に身に付く
・いつでもできる
・意識しなくても自然にできる
・体の一部になる
・自分からできる

このような状態になるまで、何度も繰り返していくことが「徹底反復」だと考えています。

さて、徹底反復していく上で、動機付けは欠かすことができません。「快の感情」がなければ物事を続けることが難しく、力が付きません。

・活動自体のおもしろさ
・活動によって自分が伸びたという実感
・教師との信頼関係
・まわりからの称賛　　など

ただ単に繰り返すのではなく、子どもたちのモチベーションを高めながら反復できる工夫を考えていくことが教師の仕事だと思います。

○ほとんどの活動は「徹底反復」できる！

百ます計算や音読、漢字など、徹底反復の代名詞になっているものばかりでなく、教育活動のあらゆる場面で「徹底反復」が使えます。というよりも、「徹底反復」しなければならないことが多いです。学習面もそうですが、生活面でも「徹底反復」の意識をもって指導していく必要があると考えます。

かつて、徹底反復研究会中国支部で開催したセミナーで、参加者に生活面での「徹底反復」について考えていただくため、学校で「毎日する活動」と「毎時間する活動」をリストアップしてもらいました。「毎日する活動」として、あいさつ、そうじ、給食、くつそろえなどが、「毎時間する活動」として、号令、発表、返事、話を聴くなどが挙げられました。

次に、それらの活動においてどのような子どもの姿が理想的なのかを尋ねました。理想の子ども像が明確でないと具体的な指導ができないからです。

初めは多くの先生が漠然とした子どもの姿を書いていましたが、とにかく具体的にイメージするようにはたらきかけ、だんだん理想の姿が明確になってきました。さらに、意見を交流する機会を設けました。例えば給食時間では、次のような理想の姿が挙げられました。

・給食着に素早く着替える
・全員が黙々と作業する
・机の上に整然と配膳する
・みんなで協力し、10分以内に配膳し終わる
・犠牲になった命、作ってくれた人などへの感謝の気持ちを込めて、手を合わせ、声をそろえて「いただきます」や「ごちそうさま」を言う
・マナー（話す内容、食べ方など）を守って残さず食べる
・三角食べをする
・時間内に食べる
・片付ける時などに食器の音をさせない
・食器類をきちんと重ねる　　など

多くの意見が出され、参加してくださった先生方が「理想の子ども像」をよりレベルアップさせることができました。付けたい力を意識して場を仕組む。できていなければ何度でもやり直しをさ

せる。そして、できたらほめる。この繰り返しによって、子どもたちに力を付けることができると考えています。

○実践例

私が朝の会や帰りの会で行っている実践を紹介します。

・あいさつリレー・・朝の会で一人ずつ順番に「おはようございます」とあいさつし、礼をしていきます。張りのある声で、テンポよく次の人があいさつし、気持ちを一つにすることをねらっています。

・健康観察・・まず日直のAが、自分の次の出席番号のBの名前を呼びます。呼ばれたBは「はいっ、元気です」と返事をして自分の健康状態を言います。「頭が痛いです」など体調が悪いときは、全員で「お大事に」と声をかけます。Bは次のCの名前を呼び、さらにCからDへと同様にテンポよく繰り返していきます。こうすることで、集中して友達の健康状態を聞くようになります。

・朝の係・帰りの係・・窓の開閉、黒板消し、机や本棚の整とんなど、自分ができる仕事を見つけて行います。素早く丁寧に行うこと、ゆずり合いながらすることを指導しつつ、すすんでものごとに取り組める子を育てたいと考えています。

紙面の都合上、すべては紹介できませんが、どの実践においても理想の姿を持ち、その姿になるまで「徹底反復」することが大切だと考えています。

第2章
徹底反復
―その具体的方法

日々の生活②

徹底反復研究会 中国支部
山根大文

○反復指導は生活面にもよい影響を与える

反復指導と言えば、みなさんは、まず何を思い出しますか?あまりにも有名なのが「百ます計算」の実践です。最近、会のメンバーと、「反復指導は、子どもの生活面にもよい影響を与えるよね」という話をよくします。ここでは、子どもの生活面にもよい影響を与える、反復指導のよさについて一緒に考えていきたいと思います。

○儀式的行事を意識させる

ところで、みなさんは、儀式的行事のねらいと内容についてご存知でしょうか。「学習指導要領解説 特別活動編」には、次のように書かれています。

> 学校生活に有意義な変化や折り目を付け、厳粛で清新な気分を味わい、新しい生活への動機付けとなるような活動を行うこと。

つまり、我々は、子どもに「厳粛で清新な気分を味わわせる」行事にするよう意識しないといけないということが言えそうです。では、どうすればそのような気分を子どもに味わわせることができるのでしょうか？

実施上の留意点には、次のように書かれています。

> 入学式や卒業式など儀式的行事を行う場合には、学級活動などにおける指導との関連を図って、それらの行事の意義が児童に理解できるようにする。

儀式的行事では、「厳粛で清新な気分を子どもに味わわせる」ために、普段の「学級活動における指導」が大切であると、学習指導要領に明記されています。

○子どもに付けたい大切な力

私は、儀式的行事（始業式、終業式、入学式、卒業式など）を常に子どもに意識させ、そこを目指して学級活動を行っています。儀式的行事において、子どもにとって大切な力とは、

> **①集中力　②感謝力**

だと、私は考えています。

○集中力について

徹底反復学習を行うことで、子どもに集中力が付いてきます。例えば、百ます計算や音読を行うことで、脳の前頭前野が刺激され、集中力が高まります。また前頭前野は感情を司る器官でもありますので、感情の起伏もコントロールできると言われています

○立つ瞬間の集中力を養う

全員を立たせる場面を、意図的に増やします。「全員、起立！」と言った瞬間、最初は立つスピードはそろいません。立たせた後、

「今の起立は、10点です。立つスピードがそろっていませんよ。今度は、0．2秒で立とうね。君たちだったら、絶対できるよ」

と声掛けをします。すると、今度は、ほぼ、全員そろって起立ができるようになります。同じような声掛けで、今度は素早く座らせます。このように、素早く立ったり、座ったりする集中力を付けていきます。

○立つ姿勢も集中力

先ほどの指導にさらに付け加えていきます。

「今の、立ち方は、非常によかったですね。でも90点です。どうすれば100点になると思います

か？」と少し考えさせる発問をします。しばらくして、

「○○くんの立ち方は非常によいですね。まず、指先がきちんと伸びています。さらに背筋ビシッとしていますね。前をまっすぐに見て、まったく動いていません。立った後、このような姿勢ができれば、本当にすばらしいですね。ここまで全員できたら100点ですよ」

と言います。すると、子どもは立つ姿勢も集中力をもって保とうとします。

○廊下への整列も集中力

廊下への整列を素早くさせる大切なポイントは時間です。廊下へ出てから、列が動き出すまで、1分以内でやらせたいものです。最初は、タイマーをもって、時間を意識させるとよいでしょう。前回は2分かかったのが、今回は1分30秒でできた。となると、子どもは自分たちの伸びを感じ、意欲をもって取り組み始めます。また、できないときは、できない原因を考えさせるとよいと思います。主な原因は三つあると考えられます。

①廊下へ出る準備ができていない
②廊下へ出てから前を向いていない
③真っ直ぐに並ぶ意識が低い

①に関しては、片付けを早くさせるとよいでしょう。遅れる子は、いつも決まっていますので、その子について、一緒に片付けてやるとよいと思います。

②必ず前を向くように声がけをしておきます。前を向けない子も、同じ児童が多いようですので、あらかじめ、声がけしておきます。

③体の軸を前の人と合わすように指導します。制服の場合だと、前の人の背中の真ん中に縦線が入っています。その縦線と、自分のボタンのラインを合わせるよう指導します。

○感謝力を向上させる

朝の会で「感謝宣言」を取り入れます。班内で一人ずつ、ご両親や、友達、先生や地域の人などに対し、感謝の気持ちを高らかに宣言させていきます。例えば、

「おはようございます。私は、毎日、私のために働いてくれている、両親に感謝しています。そのために、今日1日、勉強や運動を頑張りたいと思います。よろしくお願いします」

と、班の友達に宣言します。これを、毎日、全員が言うことで、感謝力を向上させていきます。子どもが感謝の気持ちをもてば、軽率な行為は減っていきます。

○そして儀式的行事に臨む

集中力、感謝力を意識した指導をし、終業式に臨ませましょう。そこで、教室移動、立つスピード、立つ姿勢、座るスピードなどをチェックします。そして、行事が終わった後、子どもに評価を伝えてあげてください。

子どもに、「厳粛で清新な気持ちを味わわす」ことができれば、大成功です。

第２章

徹底反復
―その具体的方法

書く力①

徹底反復研究会　代表
陰山英男

○学習の中核は「書くこと」

学習の中核は、書くということです。学力を高めることは、書くことを効果的にさせることに他なりません。ところが、近年の学校の多忙化はさらに激しく、ほんの少しの文章でもノートに書かせることが難しい状況にもなっています。そして、国語などの教科でも、ワークシートが大流行りで、学習内容を触れられればとりあえずそれでいいというような流れにもなってきています。

その結果、書くという作業は、もう振り返られることもない。そんな空気感がただよっていると感じています。

そうしたこともあり、私が全国各地の学校視察に行った際、子どもたちのノートを見るのですが、ノート指導がなされていないことが本当に増えてきたように感じます。

確かに、書くことは時間のかかることであり、さらに子どもにとって高度な学習でもあり、どうしても敬遠したくなる指導であることは間違いありません。ただ、そうなってくると、学校の最も重要な役割である学力向上がなされないということにつながり、結果的に、一生懸命何かしらの努力をしていたとしても、保護者や地域からは評価されないということに結びついてしまうのです。
では、書くということを子どもたちにしつけるためには何が必要でしょうか。

1．板書をきれいに書き写させる

最近、子どもたちがノートを書くにも、そもそもその一番のお手本である板書が全くできていないと感じます。

聞いてみると、電子黒板などを使うので、書いたものが後に残らない。そのために、板書を写すことがないということがあるようです。これについては、電子黒板で表示する部分と、手書きで黒板などに書く部分を明確に分け、計画的に板書をする必要があります。

板書は、子どもたちの学習に対する理解をまとめたものであり、子どもたちの発表などを黒板にまとめていくには、事前の教師側の学習が重要になってきます。いきなり子どもたちに発表させても、教師側に基本的な文章などに対する理解がなければ、それを瞬時に板書にまとめることはできません。

次に必要なのは、板書に慣れることです。チョークは、なかなか使いにくい教具であり、これを使って上手に字を書くことはけっこう難しいものです。

私は、子どもたちが帰った放課後、黒板に文字を書く練習をしていました。また、それぞれの文字については、ペン習字の教本を購入し、それを使って練習をしていました。こうした練習によっても、かなり板書は改善されてくるものです。

そして授業では、教師が板書をすると同時に、子どもたちにそれを書き写すことをやらせ、早くサッと書き写すことができるように練習させることが必要です。

2．自分の考えをまとめる

自分の考えを発表するためには、自分の考えをノートにまとめる必要があります。このとき大切なのは、ノートに書かせる時間を決めておくことです。

例えば、「感想を3分でまとめましょう」という指示をしたとすると、それ以降も、書く時間を3分程度に固定することです。時間を固定する中で、どれだけの量を書けたか意識させることは、子どもたちが自分の想いを書いていく速度を上げることにつながってきます。

3．宿題として日記を書かせる

かつての生活綴り方や、一般的な作文指導を通じ、自分の日常を書いていくことは、自分自身の考えや心の在り方を客観視させるためには有効なものです。

子どもたちには毎日日記を書かせ、２００字から４００字程度の文章をサッと書けるぐらいに書き慣らすことが重要になってきます。こうしたことを毎日繰り返す中で、子どもたちは書くことに慣れていきます。

以上のことを基本として、ぜひ皆さんも実践してみてください。

第2章

徹底反復
—その具体的方法

書く力②

徹底反復研究会　東北支部
駒井康弘

○書くことは自分と向き合うこと

放って置いて、文章を書く子が生まれるはずはありません。書くことは自分と向き合うことです。「書くことがない」と子どもが言うのは、ものの見方考え方がまだ育っておらず、事象を言語化できないことに因るのです。

「書くこと」は「恥をかくこと」と一緒だ、とどこかで読んだことがありますが、言い得て妙だと思います。かく言う私も文章を書くときにいつも辛い思いをします。自分の至らなさと常に向き合わなければならないからです。だが、書く必要があります。だから書くのです。

○子ども時代の「学級通信」と「日記」

私が曲がりなりにも文章を書くようになったのは、小学生のときのことです。今も御存命の担任だった女性の先生が病に倒れられ、代わりに新卒の女性の講師が、クラスの私たちに刺激を与えてくださいました。その方は「学級通信」を出して、私たちに「日記」を書かせました。この二つが私に文章を書かせてくれたきっかけです。当時の「学級通信」はもちろん手書きで、まだコピー機などなく、さすがに鉄筆を用いてガリ版刷りとまではいきませんが、けっこう手間のかかる作業だったと思います。今のようにお手軽ではなかっただけに、自分の書いた文字がそのまま印刷物になってみんなに配布されるというのはそれだけで快感でした。その上、日記には自分の拙い文章に対して、有り難い一言が必ずコメントされていました。私はこれがとても嬉しくて、どんどんほめられるままに書いていた純情男子だったのです。

それは教師になった私自身にも同様のことをさせる鮮烈な経験となりました。

○現在の「学級通信」と「日記」

学級通信は、今は、私は週1回程度の発行で済ませています。余力がないのが実態です。多いときは毎日書いていたこともあります。ただ、学級通信は書いても読まれない家庭が増えてきたのも事実です。どこの家庭も忙しいのです。

しかし、日記だけは51歳になった今も続けています。また、個別の日記だけでなく、日直にも１００字程度の作文を書かせています。作文指導用黒板を教室に掲示して、日直が作文を書くのです。10分程度で書けます。１００字作文に慣れると、いつでもどこでも、お題を与えるとすぐに書けるようになります。何度も何度も徹底的に反復することで、必ず書けるようになります。

○「日記」の実際

普通の日記では、子どもたちの生活を知ることができます。個別にほめることもできます。あまり誤字脱字にはこだわらないようにします。

原稿用紙の使い方の指導、語句の正誤等については日直作文で行うようにしています。

現在の日記の実物をご覧ください。青森の田舎の幼い6年生の女子2人の作文を選びました。2人とも書くことは嫌いではないものの、そんなに書く子ではありませんでした。日記を毎日書くことを義務づけると、1年前は猛烈に反発しました。今は、すいすい書けるようになりました。その成長は著しいものがあります。

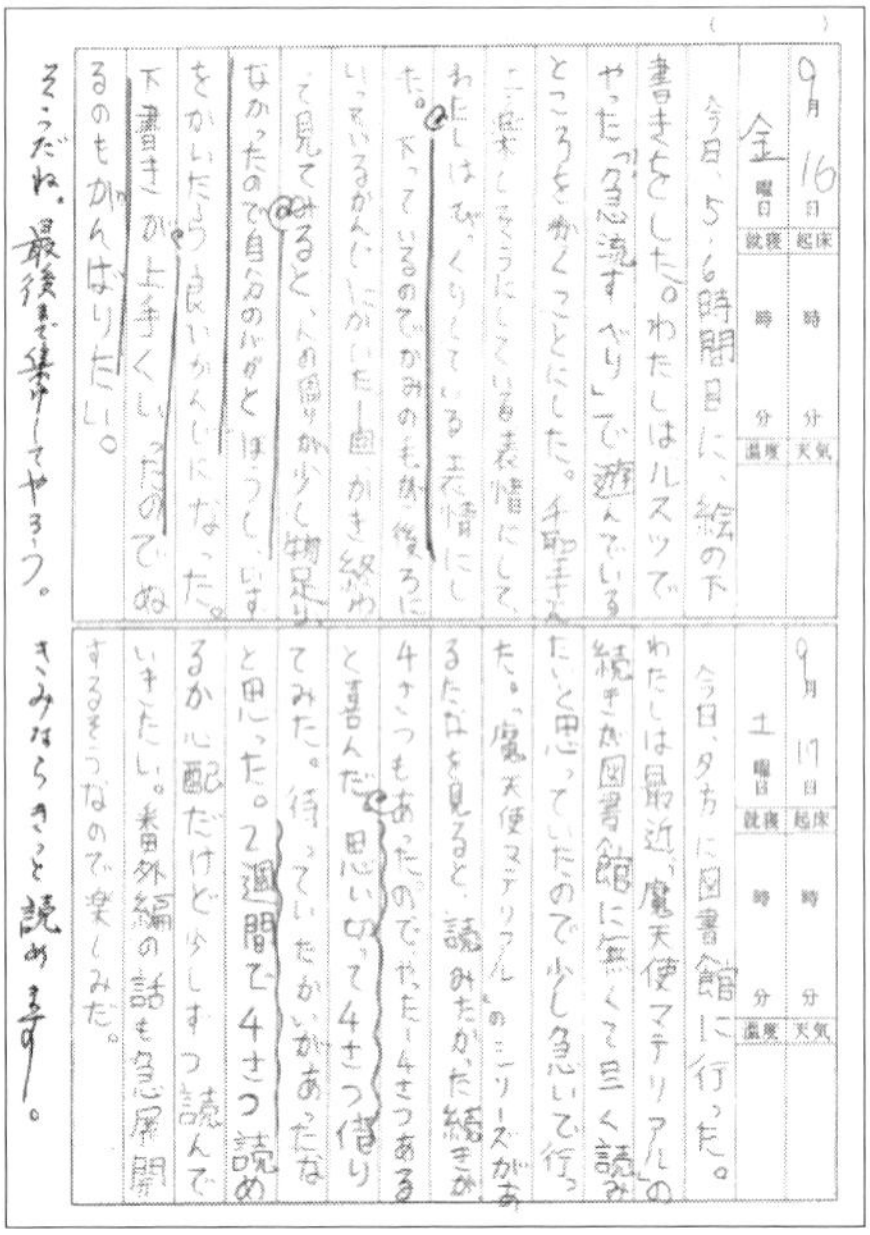

日記には、B5判・2段・13行のノートを使用しています。ある年の日記のスタート時は、自学ノートのメニューとして10行日記を義務づけ、1cmますのノートを使いましたが、その後、3か月ほどでこのノートに移行しました。

赤ペンで、私がよいなと思ったところは傍線を引き、二重丸を付けます。そして、極々簡単に称賛や激励の言葉を記します。

これを、夏休みも冬休みも休みなく続けさせるのです。

日記を書かせると、どうしてもコメントが子どものやる気を左右することが多くあります。だから、あまり長々と書かないようにするのです。後でこちらが辛くなるということもあります。文体を敬体ではなく、常体で書くように義務づけていることにお気付きでしょうか?。常体はビシッと端的に述べるように習慣づけるのによいと思っています。

○「日直作文」の実際

「日直作文」と言っても、黒板に日直が作文を書く、ただそれだけのことです。ところが、子どもはとても喜びます。チョークを持って黒板に字を書くこと自体が嬉しいのです。しかも、作文用の黒板に文字を書いた経験のある子はほとんどいません。それだけ、非日常的な作業です。

朝の会で読み上げ、友達から質問や感想をもらいます。他愛もないことを言うのが常ですが、そこで教師の出番です。文字の間違いや語句の使い方、言い換えができないかなどなど、その都度指導を加えます。

これを毎日続けますから、力が付かないはずがありません。

学級づくりの方策にもなっています。

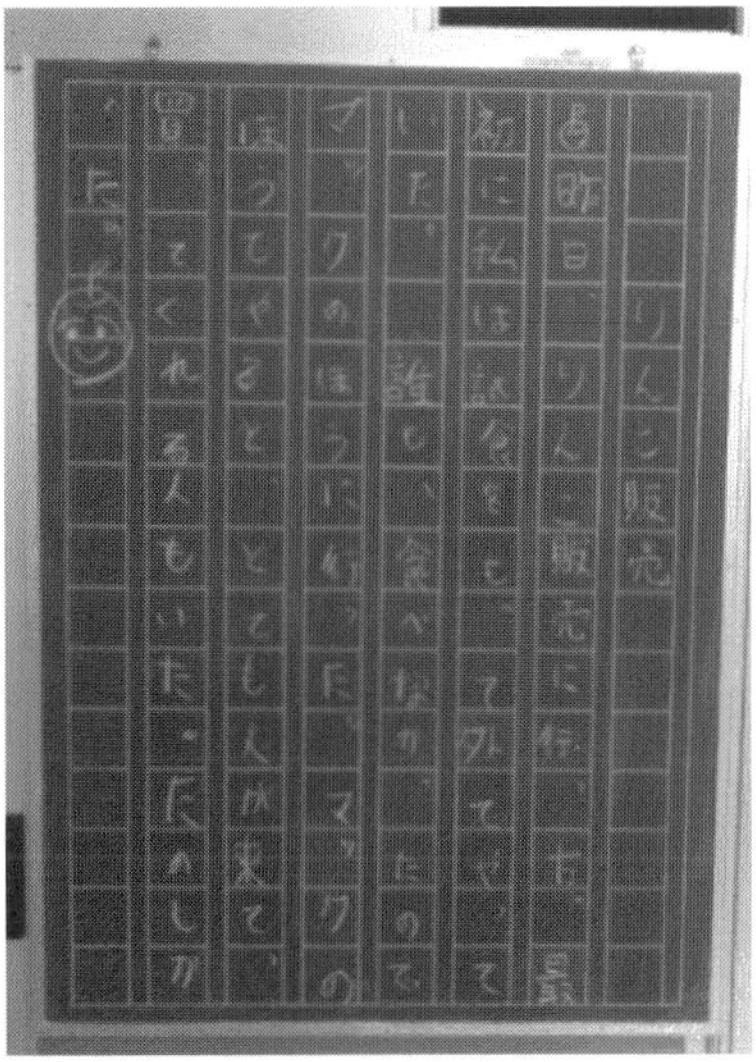

第3章

1年間の見通しをもって子どもを鍛える

1年間の見通しをもった取り組みを
徹底反復でめざす1年生
徹底反復でめざす2年生
徹底反復でめざす3年生
徹底反復でめざす4年生
徹底反復でめざす5年生
徹底反復でめざす6年生

第3章

1年間の見通しをもって子どもを鍛える

1年間の見通しをもった取り組みを

徹底反復研究会　代表
陰山英男

○最初の出会い

新年度を迎えたときの子どもたちとの新たな出会いは、今思い出しても、緊張感がありながらも楽しみでもある、独特なものでした。私が教師になり、初めて受け持つ教室に入ったときの瞬間を、昨日のことのように覚えています。私が教室に入るまで、子どもたちはざわついていました。しかし、教室に入った瞬間、子どもたちが一斉に動きを止め、好奇心をもった目で私を見つめてくれました。その瞬間というのは、緊張やプレッシャーがあるかもしれませんが、最高の表情で教室に入っていくことが、学級開きを素晴らしいものにしていくのだと思います。そこをしっかり心がけ、最初の出会いを大切にしてほしいと思います。

○子どもの思いを受け止める

教室に入れば、まず教師の自己紹介から始まると思います。名前を言い、自分の好きなことやどんな学級にしたいかなどを、端的に子どもたちに伝えてほしいと思います。ウダウダとした話し方は禁物です。なぜなら、子どもたちも先生に対して、何かしらのアピールをしたいと考えているからです。

子どもたちの自己紹介は、恥ずかしそうに話す子、冗談を交えて話す子、あるいは、堂々と優等生のように話す子、いろいろあるでしょう。その一つ一つを受け止めながら、一言でいいので、その子のよさをほめ、認めてあげてほしいと思います。

子どもたちの最初の声をしっかり受け止めることは、その後一年間の子どもたちの学習や生活に対する構えを決めていきます。明るい表情と笑顔を絶やすことなく、子どもたちの声を聞いてほしいと思います。

そして、子どもたちの声を聞きながら、一人ひとりの特徴を把握しましょう。特に気になることがあれば、簡単にでもチェックをし、まとめておくことも大切です。年度初めに課題となるのは、そうした子どもたちの特性の把握なのです。

杓子定規な学級開きになってしまうと、子どもたちが個性を発揮することなく、固い表情になってしまいがちです。そうなってくると、子どもたちの特性は把握しづらく、翌日から、子どもたちとかみ合わないことが起きてきます。ですから、子どもたちの基本的な把握を真っ先にやることが大切なのです。

○学級づくり　三つのルール

子どもたちの特性がある程度分かり、学級をまとめていくためには、基本的なルールが必要です。

細かいルールを思いつくまま説明していると、子どもの意欲はどんどん減退してしまいます。かと言って、基本的なルールをあいまいにしておくと、さっそく翌日から子どもが好き勝手なことをし、集団が乱れてくることにもなりかねません。特に年度初めは、子どもたちのテンションが上がりやすく、そこを上手にコントロールする必要があります。

そこで私自身がやっていたのは、三つのルールを子どもたちに伝え、それを徹底することでした。

一つ目のルールは、**全てにおいて怠けない**こと。

勉強や掃除や挨拶など、そうしたことをきちんとやり遂げるということです。細かい生活のルールをたくさん言っていては、子どもたちは覚えきれませんし、やってはいけないことというのは、子どもたちはだいたい分かっています。ですからそれを、「怠けてはいけない」という一言でまとめたのです。

二つ目のルールは、**人を傷付けない**こと。

暴力的な喧嘩も当然ですが、口喧嘩もひっくるめて、これらが頻発すれば、クラスの雰囲気はとたんに乱れてきます。相手の気持ちを考え、人間関係をつくっていくことは学級づくりの基本です。それを、「傷付けない」という一言でまとめたのです。

三つ目のルールは、**嘘をつかない**こと。

私はこのルールを、一番重要視していました。怠けさせないよう、人を傷付けないよう指導していても、必ず問題は起きてしまいます。起きてしまった問題は、必ず何かしらの解決をさせなければなりません。そのときに重要なのは、子どもたちに嘘をつかせないことです。

子どもは、どんなに心が曲がっているように見えても、基本的に、事の善悪は分かります。ですから、問題を起こし、何とか逃れようと思ったときには、必ず嘘をつきます。これを事前に封じ込めることができれば、指導は、着実に子どもたちの中に入っていきます。学級をまとめるのにうまくいかないことに何度も直面したその結論が、嘘のない学級づくりだったのです。

怠けない、傷付けない、嘘をつかない。これは、子どもたちにとっても覚えやすく、様々な問題の場面を包括することにつながっていきます。そして、解決の基本的な方向性が、この三つのルールを着実に実行することで可能になってきます。そして、子どもたちの人間性を成長させていくことができるのです。逆を言えば、子どもたちが成長できないとき、必ず何かしらの違反行為がこの三つの中にあるのです。まだ問題が起きる前に、子どもたちときちんと約束をし、価値観を共有しておくことが大事なのです。

怠けたり、人を傷付けないことをベースにしながら、それでも失敗してしまったことに対して嘘をつかないことでリカバリーできるような仕掛けを考えてきました。問題が起きてから何か約束をさせることは、まるで後出しじゃんけんのようになり、子どもたちに説得力をもたないものになります。1年間の見通しをもち、必ずこうした基本的な約束をつくっておかなければいけないでしょう。

第3章

1年間の見通しをもって子どもを鍛える

徹底反復でめざす1年生

徹底反復研究会　福岡支部
公立小学校教諭

○恐ろしいくらいに伸びる1年生

ある年、9年ぶり2度目の1年生担任になりました。9年前に、1年生の子どもたちは「徹底反復」の指導を行うと恐ろしいくらいに伸びてくるということを経験しました。

そこで、その年は、4月から、楽しく「徹底反復」で鍛えていきました。3月には、全員が百ますの足し算で2分を切るようになりました。引き算では、全員が3分を切るようになりました。おそらく、百ます計算等で計算力を鍛えていない一般的な学級の高学年よりも、圧倒的に速くできると思います。

算数の学習が不得手な高学年の子どもは多くみられます。いつからつまずき出したのでしょう？　私は、1年生の学習からつまずいていると考えています。

そうした子たちは、おそらく1年生レベルの足し算・引き算も、のろのろとしかできないでしょう。のろのろとしかできないレベルであれば、学年が上がるにつれて、学習についていけなくなります。

1年生の学習は土台の土台であり最も大切です。この土台が強くなればなるほど、高学年の算数学習も中学校の数学も簡単になっていきます。

○様々な「ます計算」に挑戦

1年間いくつもの「ます計算」に励んできました。「ます計算」を使い、どのように鍛えてきたかを簡単に紹介します。

◆1学期

4月19日「あわせて5」プリント開始

・10分程度行う。

・ブロックを使ってよい。

・終わったら2枚目、3枚目を解く。

5月8日「あわせて10」プリント開始

5月28日「階段足し算（繰り上がりなし）」開始

5月28日「階段引き算（繰り下がりなし）」開始

6月24日「繰り上がり足し算」の指導開始

7月8日「繰り下がり引き算」の指導開始

※教科書では「繰り上がり足し算」は10月下旬、「繰り下がり引き算」は11月中旬に指導するよう

になっています。

1学期に指導を終えることができたので、夏休みの宿題に繰り上がり繰り下がりの計算プリントを出すことができました。

◆2学期

10月3日「百ます足し算」開始
10月21日「百ます引き算」開始
※「百ます足し算」では、初めは十ます計算で「＋1」から何度も何度も鍛えて少しずつ慣れさせていきました。
同じように、「百ます引き算」では、十ます計算で「10－」から何度も鍛えて少しずつ慣れさせていきました。

基本的には、「算数まるごとスキル（日本標準）」を活用して指導しました。教科書は問題集的に扱いました。

1年間の指導内容を11月15日に終了することができました。「算数まるごとスキル」の3学期（まとめまで）を11月22日に終了しました。

◆3学期

2月「マラソン計算（10分）」

3月「マラソン計算（15分）」

マラソン計算は、その時間の間、ひたすら百ます計算を行います。何百題も解くことになります。マラソン計算をすることで、さらに大きく力をつけました。マラソン計算で鍛えることで、百ます足し算で2分を切ることができなかった子どもも、2分以内で百ます足し算ができるようになりました。

そして、15分間計算をし続ける集中力が身に付きました。

一番速い子どもは、15分間で千三百題近く解くことができました。

〇1年間の成果

標準学力検査では、全国平均より10ポイント近くも高い平均到達度になりました。（国語も10ポイント上回りました）。

このように一年間鍛えていきました。

このように実施した内容だけを列挙してみると、教師である私が、ただ子どもたちに「やらせ続けただけ」のように思われるかもしれません。私自身は、子どもたちがやる気になるような手立てを打ち、声掛けをし続けてきたつもりです。

子どもたちは楽しそうに学習に励んでいました。

子どもたちの2年生以降の成長がとても楽しみです。

第3章

1年間の見通しをもって子どもを鍛える

徹底反復でめざす2年生

徹底反復研究会　中国支部
島田幸夫

○2年生という時期

2年生は、1年間の学校生活を終え、よくも悪くも学校に慣れてくる時期です。1年生のときにきちんとできていたからといって、2年生でも同じようにできるとは限りません。「できなくなる」のではなく、「やらなくなる」のです。1年生のときには何事にも一生懸命取り組もうとしていた子どもたちも、少しずつ力を抜くことを覚えます。いい意味で力が抜ければいいのですが、サボったり手を抜いたりすることも増えてきます。これを担任が看過すると、学級崩壊へ突き進んでしまいます。

悪い面ばかりではありません。子どもたちは新1年生を迎え、お兄さんお姉さんになりました。まだまだ上学年に面倒を見てもらうことは多いですが、面倒を見てあげる立場になったことは2年生にとってとても重要です。これを指導に生かさない手はありません。1年生のよいお手本になろうという意欲をもたせることで、子どもたちは一生懸命がんばります。担任は指導がしやすくなります。

子どもたちは1年生の時に、学習や生活の仕方といった小学校での過ごし方の基礎を学んできました。2年生では、それをさらに定着・発展させていくことになります。小学校生活の中で特に1年生担任の子どもたちへの影響力は大きく、授業や当番活動でも前担任の指導が色濃く反映されます。2年生では、子どもたちの一挙手一投足を見ながらよい部分は継続し、不十分な部分は丁寧に指導して学校生活の基礎をしっかり固めていきましょう。

○授業で基礎を固める

学校生活の大部分を占めるのは授業です。その中で教えることは、教科内容だけではありません。低学年では特に学習規律を確立していく必要があります。

◆姿勢　立っているときも座っているときも、常に意識させたいのが姿勢です。座っているときには、両足をペタッと床につけて椅子に深く腰掛けます。腰骨を立て背筋をピンと伸ばします。背もたれは疲れたときだけ利用します。机と自分の体の間は握りこぶし（グー）一つ分空けます。こうしたポイントを「ピン、ペタ、グー」という合言葉にしておくと、子どもたちも意識しやすく教師も指導がしやすくなります。立つときには、背筋を伸ばして両足に均等に体重をかけ、手は体の横につけて「気をつけ」をします。片足に体重がかかっていたり椅子に手を置いたりするときには必ず注意をします。教師が意識することで子どもたちも意識するようになります。はじめは何度も何度も指導しなければならないかもしれませんが、子どもとの根比べです。

◆返事　名前を呼ばれたときにきちんと返事ができることも大切です。呼ばれたら「すぐに」返事をします。間をあけるとだらだらした雰囲気になります。声の張りも重要です。黒板に「はい」「はいっ！」と書き、子どもたちに読ませます。「どちらが気持ちいいですか」と尋ねると、まず間違いなく「はいっ！」の方だと答えます。気持ちのよい返事ができる学級はとても気持ちのよい学級になります。初めのうちは、ノートなどを配るときに子どもたちに配らせるのではなく、一人ひとり担任が名前を呼ぶようにします。名前を呼ぶ回数を増やし、きちんと返事ができるように何度も指導します。

◆言葉遣い　特に授業では丁寧な言葉遣いを指導します。まず徹底したいのは、「敬体で話す」ということです。「先生、トイレ行っていい？」など敬体を使っていないときには、必ず言い直しをさせます。また、友達の名前を呼ぶ時には、ニックネームではなく「○○くん」「○○さん」という呼び方をさせます。名前を丁寧に呼ぶと、その後に続く言葉も丁寧になりやすいからです。

◆話し方・聴き方　授業で子どもたちが発言をするときに、教師に向かって話していることが多々あります。みんなで授業をしているので、みんなに向かって話すべきです。教室の真ん中にマイクがあるとイメージさせ、それに向かって話すように指導します。できていないときには、手でみんなの方を示しながら「みんなの方を向こう」と指導します。慣れてきたら、教師が手で示すだけで真ん中を向いて話すようになります。だいたいできるようになってきたら、一人ひとりの表情を見ながら発言するように指導するとよいでしょう。

聴くときには、基本的に話している人の方を向いてうなずきながら聴くように指導します。これができちんとできるようになったら、次はメモを取りながら聴くことに挑戦させるといいでしょう。ただし、メモを書くことに気を取られて、話している人の方を全く向かないようでは困ります。

◆書き方　字を書くときには必ず下敷きを敷き、削った鉛筆で丁寧に書かせるようにします。また、正しい鉛筆の持ち方も意識させましょう。地道に取り組ませることで、だんだん速く、楽に、上手に書けるようになります。最初に教科書やノートに名前を書くときが指導のチャンスです。鉛筆で下書きをさせ、担任の合格をもらったらペンで清書をさせます。字の上手下手ではなく、丁寧さで合否を判定しましょう。また、授業でノートを書かせる際には、全員がノートを開いて鉛筆を持つまで待ちます。準備が早くできている子をほめることで、スタートを早く揃えられるようになり、限られた時間を有効に使うことができるようになります。

○おわりに

ここでは授業で指導すべき内容のうち、評価しやすいものを挙げてみました。毎日の授業の中で繰り返し指導していき、少しずつ求めるレベルを上げていくようにするといいでしょう。また、返事や言葉遣いなど、授業で指導したことを子どもたちの生活面とリンクさせていくことも大切です。教師の中にぶれない柱をもって指導に当たることが求められます。

第3章

1年間の見通しをもって子どもを鍛える

徹底反復でめざす3年生

徹底反復研究会　中国支部
山根大文

○子どもたちの「自律」を目指す

私が3年生の子どもたちに目指してほしいものは、「自律」です。

「自律」とは、文字通り自分を律する力です。ボールの取り合いになった時、友達に譲ってほしい。掃除時間には真剣にその場所に向き合ってほしい。元気よくあいさつや返事をしてほしい。そんな思いです。

イギリスの教育学者ノーマンブルによれば、子どもの道徳性の発達段階は、「アノミー（無道徳）」➡「他律」➡「社会律」➡「自律」の順番があるそうです。「アノミー（無道徳）」から「社会律」までは、子どもたちに自律心がなく、まったく何もしない状態、「友達がやっているからやろう」「先生が言うからやろう」と思う状態だそうです。そこに「よりよく行動しよう」とする高い「意識」はありません。クラス全員の子たちの意識を「無意識」から「意識化」させ、「自律」の方向へ導き、高学年への道をつけてやることこそ、3年生の教師の使命だと思います。

○「まあいいや」から「やってみよう！」へ

「自律」を妨げる要因として心の弱さがあります。子どもは放っておくと、その心の弱さから、「まあいいや」と思い、楽な方向へ流れていってしまいます。子どもの安易でうかつな心を、いかに「やってみよう！」へ変えていくことが、学級づくりの大きな柱となると思うのです。

学級づくりで一番大切なのは、「姿勢」です。「姿勢」は、授業中、給食時間など、学校生活のあらゆる場面でも意識しなければならない動作であり、しかも教師と対峙したとき、できているか、できていないか、すぐに判断できる材料です。ですから、教師はすぐに評価でき、子どもの「自律」を助けることができます。

次に考えられるのが、「椅子入れ」です。立ったとき、椅子が机の中にきちんとしまわれているかが、ポイントです。その子が高い意識で行動できているか、一目瞭然です。

最後に分かりやすいのは「靴入れ」です。靴は、靴が乗る板とかかとが合うように置かせます。その動作は、だれでも簡単にできることです。しかし、クラス全員の子に高い意識がないと、靴が整然と揃うことはありません。その子の意識が、クラス愛まで高まっているかが試されているのです。つまり、「姿勢」、「椅子入れ」、「靴入れ」は、子どもが「まあいいや」の心を封じ、自分自身を律しているか判断できる一番分かりやすい材料なのです。教師は、それらを子どもの心のバロメーターととらえ、1年間指導していくことが大切だと思います。できなかった子ができた時には、「それが君の成長だよ」と、全体の場で最大の称賛をしましょう。すると、その子の「まあいいや」

という気持ちは薄れ、「自分もやればできるんだ！」という気持ちが高まってきます。ちょっと意識するだけで、今までできなかったことができるようになる。そんな自分が、かっこよく思えてくることでしょう。また、全員が揃う喜びから、クラスへの所属感も感じるようになることでしょう。

こうした内容を詳しくまとめたのが「日々の指導に生かす『徹底反復』」（中村堂）です。是非、そちらをお読みください。

○できない子は、自分だった

しかし、できない子もいます。無意識を意識化できない子どもたちです。原因は、様々あると思います。そんな子たちを、私は今まで叱って、指導してきました。しかし、その時は、できてもまたすぐに元に戻ってしまいます。なぜでしょう？そう考えたときに、「できない子は、自分と似ているな」と思ったのです。

学校組織の中で、初めて体験する分掌だったり、他の先生方とうまくコミュニケーションがとれなかったりして、うまく仕事ができなかったことが何度もありました。そんな時、上司から厳しく指導を受けた経験があるのですが、厳しく指導されればされるほど、「なんとかしなければ」という空回りがあり、結果、うまくいかなかった気がします。逆に、私に対して、親身に寄り添って聞いてくださったり、アドバイスをしてくださったりした上司に対しては、妙な焦りもなく、スムーズに問題が解決していきました。それだけではありません。「この人を喜ばせたいな」という心理がはたらき、より一層、学校のために励むようになりました。

「できない子は、自分と似てるな」と気付いてから、叱る指導から、耳を傾ける指導へスタイルを変えました。自分を律することができない子には、「そうなんだ」「たいへんだったね」「がんばってるけど、できんかったんよね」「いっしょに手伝う」「言いにくいのに、よく言えたね」こんな声がけを意識するようになりました。その後、少しずつですが、叱るだけの指導ではよくならなかった子どもたちに、よい変化がみられるようになってきました。

○おわりに

新聞記事に、ある県立高校2年生の平均家庭学習時間が10分だったと書いてありました。授業が分からないから家庭学習をしない、家庭学習をしないから授業が分からないという負のスパイラルに陥っていると評してありました。生徒の1人に「いつから勉強が分からなくなったの？」と記者が質問したところ、「小学校3年生から」と答えたそうです。そうです。小学校3年生こそ、伸びていくか、落ちこぼれるかの分岐点なのです。漢字は160文字から200字になります。さらにローマ字も出てきます。算数では「わり算」が加わり、さらに「単位」「表とグラフ」など、計算力だけでは通用しない分野が出てきます。生活科がなくなり、理科と社会科に分かれます。書道やリコーダーも入ってきます。学習内容が難しくなり、落ちこぼれる子が出やすい学年でもあるのです。できない子どもたちへ温かい視線を送り、クラス全員で進学を目指すことが大切だと感じました。

第3章
1年間の見通しをもって子どもを鍛える

徹底反復でめざす4年生

徹底反復研究会 東北支部
駒井康弘

○真の「かっこいい」を教えたい

私は生まれも育ちも青森で、りんご・米農家の長男です。私は日本に生まれてよかったと思っています。日本に生まれたことに誇りをもっています。日本文化の素晴らしさは年を経るごとにその魅力を増します。

特に日本人の職人気質が好きです。

例えば、農家。私の父が作る林檎は凄いです。自然の力に因ること大なのですが、それだけで見た目に美しく美味しい林檎はできるはずがありません。まさに職人技なのです。それでも、本人曰くまだまだ勉強は続くと言いますし、上には上がいるとも言います。謙虚に日々自然を相手に仕事する父親は文句なしにかっこいいと思います。そんな父に昔、尋ねたことがあります。「何を動機にして林檎作りに励むことができるのか」と。答えはこうでした。

「そりゃ、当然生活のためではある。だが、生活のためだけだと楽しくない。やはり、自分が作る美味い林檎を安く全国の人に食べてもらいたい。そして、『美味しかったです。ありがとうございます』と言われるのが喜びだ」

この話を聞いたのは、高校生の頃だったと記憶していますが、少なからず感動し、嬉しかったのを忘れません。父が自分の仕事に誇りをもっていることを感じたからです。

イチロー選手が言ったそうです。「ぼくにあなたの仕事はできません」。インタビュアーに向かってです。何かの記者だったと記憶しています。どんな問いに答えての言葉だったかも失念してしまいましたが、この一言は強く私の心に残りました。説得力があります。素晴らしい言葉です。

それぞれの仕事にプライドをもって、各々がきちんと目の前の仕事をすることが大切であることを、とてもシンプルな一言で言い得ています。イチロー選手の人間性が滲み出ている言葉です。一流の人間を感じさせます。自分自身この言葉を本で読んだとき、「そうだ。自分は自分の道を自信をもって進もう」と、自分を鼓舞したことを覚えています。

このような、生き方に直接影響するような言葉やエピソードを繰り返し4年生に聞かせ、徳ある人間に感化したいと思います。形式的な徹底反復以外の、価値内容の徹底反復です。

4年生は成人の2分の1の年齢に達します。「つばなれ」（つ離れ）とも言われ、「九つ」から「十（とお）」、シングルエイジからティーンエイジャーへと二桁の仲間入りをします。好奇心が益々旺盛になり、背伸びし、大人扱いしてほしい年頃でもあります。女子ならば、流行のファッションやタレントなどに興味が沸き始めるのもこの頃ではないでしょうか。現在担任している4年生の児童が実際に、そういった状況です。

思春期にも入り、精神的にもこれまでとは違った複雑さを見せ始めます。「かっこいい」「ダサイ」の言葉もよく耳にするようになります。どちらかと言えばこれも女子が多いように思います。ファッションについてとやかく言ったところで、言われた相手は「カチン」ときて、言った人間に対して反感しかもたないというのが人情でしょう。大人でも同じことです。しかし、この「かっこいい」「ダサイ」をどういった意味合いで使うかについては、多少の問題を孕みます。私は、4年生の年頃にこそ、よくよく考えて「かっこよさ」を追求してほしいと考えるのです。

私の言う「かっこいい」は先にも挙げたように「人生観」「価値観」「美意識」「感性」のことです。商業的につくられた価値による「かっこよさ」に惑わされ、金さえかければ手に入るような俗に言う「かっこよさ」ではありません。主体的に物事に関わり、他者のために働くことを厭わず、与えることを惜しまない態度、頑張ること乗り越えることが楽しいにつながることを理解する、等です。

子どもの具体像で言えば、以下のような態度です。


誰でもできるような努力を怠らずこつこつ続ける。

ごみが落ちていたらすすんで拾う。

困っている子がいたら言葉をかけてあげる。

先生の言うことを素直に聞く。
失敗を認め正直に謝罪する。
荷物を運ぶのをすすんで手伝ってあげる。　等

かっこよく言えば「美風にあてる」でしょうか。あて続ける必要があります。

○道徳的な「徹底反復」

「いい話」は探せばいくらでもあります。自分で読んだ本の中から、メルマガから、実際に体験した話、講演会で聞いた話、私が好きなのはＮＨＫの番組「プロフェッショナル　仕事の流儀」で、番組のエンディングで一流のプロが「プロフェッショナルとは？」の問いに答えて言う「珠玉の言葉」です。そして、よく引き合いに出すのが「イチロー」です。誰もが知っている世界的に有名な代表的日本人だからです。最近では、三浦雄一郎さんの話が子どもの興味を引きました。同じ青森県出身者であり、日頃から身体を鍛え、その努力は人間業とは思えません。

「徹底反復」は、いわゆる学力に直接的に結びつく「徹底反復」だけでなく、道徳的な「徹底反復」こそ、学ぶ目的をも意識させる大切な「徹底反復」です。

そもそも教師の徳が安定的であるか否かがきわめて重要です。そのためには、常に課題意識をもち、本を読み考え、学び続ける姿勢を堅持する必要があります。これが教師自身の徹底反復です。

第3章

1年間の見通しをもって子どもを鍛える

徹底反復でめざす5年生

徹底反復研究会　事務局長
山崎敬史

○はじめに

私が二度目の5年生を担任した年のことを書きます。この1年、子どもたちは大きな伸びを見せてくれました。その中で、私も多くのことを学びました。この1年のテーマは「みんなで伸びる、みんなと伸びる」でした。1年を振り返ることで、「めざす5年生」を提起したいと思います。

○小学校5年生という時期

小学校5年生とは、どんな時期なのかを考えてみます。一般的には、心身ともに大人に向けて大きく変化し始める時期とされています。子どもたちの交友関係も、複雑化します。また、特に女子で顕著に見られるのが、「グループ化」です。一見、「気の合う者同士」がグループを組んでいるように見えますが、内実は複雑です。「嫌われないように」気を遣ったり、行動を合わせたり…。

このこと自体は、何も今始まったことではありません。ただ、この傾向に加え、今の社会の在り様が、子どもたちの人間関係をさらに難しくしているように感じています。それは、「放課後」がなくなったことです。私の勤務している学校は都市部にあります。いわゆる放課後は、「安全上の理由」からグラウンドなどで遊ぶことは許されず、すぐに下校となります。そして、下校した多くの子どもたちを待っているのは、「習い事」です。

つまり、子どもたちから、「遊び」がなくなってしまっているのです。きっと、群れをなして時には悪さもする「ギャングエイジ期」を経験しないまま、高学年の前思春期に突入している子も、多いのではないでしょうか。

○5年生の時期に大切にしたいこと

こういった背景を抱えているからこそ、5年生という時期に大切にしたいことがあります。それは、子どもたち同士を関わらせることとです。この1年、ほぼ全ての活動を班で行いました。日直・当番、そうじの分担はもちろん、授業もテスト以外は班隊形です。評価も個人ではなく、班で行います。当然、活動が上手くいかない班では、「○○が全然仕事をしない」、「○○が授業中に邪魔してくる」などのトラブルが起きます。しかし、そのトラブルこそが狙いです。

最初は、表出するトラブルを私に訴えることがほとんどでした。当然、私が間に入ってその場を収めます。しかし、すぐに別の形でトラブルが起こります。そんなことを繰り返していると、いろいろなことを頑張ろうとする子、関わっていこうとする子（＝リーダー的な子）から、それでは本質的な解決になっていないことに気が付き始めます。そして、トラブルをよく起こす子の背景、言葉や行動の裏側を考えるようになります。トラブルが減ってくるのはこの頃です。

トラブルが減ってくると、リーダー的な子たちの目線は自分たちの仲間の人間関係に向き始めます。「休み時間に○○が一人でいることが多い」などの、教師からは見えにくい情報も、子どもたちから入ってくるようになります。そして、どうしていくか、何か取り組もうかといった、「クラスをよくするため」の話し合いも行えるようになります。

こうしたことを繰り返していくうちに、活発で活動的な子がクラスを引っ張っていたのが、段々と優しいけど大人しいタイプの子も活躍できるようになりました。構造が複雑になっている社会情勢もあり、課題を抱える子自体を1年で変えることは難しいです。

しかし、子ども同士が関わり合い、仲間のことを知り、集団が高まっていくことで、一人ひとりが「みんなで伸びる、みんなと伸びる」ことができたのではないかと感じています。

○自己肯定感をも高める「漢字前倒し学習」

前段で提起した「子ども同士を関わらせる」ことは、今の子に必要なことだと、私は強く感じています。一方で、時間がかかることでもあります。その時間を確保するためにも、学習内容を効率的に身に付けさせる必要があります。中でも私にとって絶対に外せないのが、「漢字前倒し学習」です。私が授業で漢字指導に使った時間は、1学期2週間、2学期1週間、3学期3日間の国語の時間のみ。あとは毎日の宿題です。教材は、当時日本標準から発行されていた『漢字まるごとスキル』を使用していました。

正直、学年配当漢字のほぼ半分を学習する1学期は苦戦しました。学力的にしんどい子を中心に、指導に手がかかりました。それでも多くの子は9割ほどの漢字の読み書きができるようになりましたが、一番しんどいK君は5割にも満たないなど、効果を十分に実感できたとは言えませんでした。

2学期になって、大きな変化が起きました。一番しんどいK君も含め、1週間で学期別になった新しい2学期のドリルをやり終えることができました。そして、そのK君、読み書きできる漢字が8割にまで増えたのです。

「K、明るくなったなあ」。先日、リーダー的な子たちとの話の中で、K君が出てきました。毎年クラス替えがあるので、どの子も一度はK君と同じクラスになったことはあります。しかし、誰一人として、去年までのK君の印象を覚えていませんでした。

また、年度末、「今年1年で成長したこと」を子どもたちに書かせたところ、K君は「漢字が読み書きできるようになった」と書いてきました。

漢字テストは、基本的に当該学年の漢字しか出題されません。だからこそ、今年1年、頑張った結果をK君も成果として実感できたのでしょう。前年までの積み残しもあり、必ずしも「今まで習った漢字が読み書きできるようになったとは言えないかもしれません。しかし、やった分、結果として返ってきたことは、学力的なこと以上にK君の自己肯定感を高めることにつながったのではないでしょうか。

第3章

1年間の見通しをもって子どもを鍛える

徹底反復でめざす6年生

徹底反復研究会　中国支部
中國達彬

○「なれ合い型」学級崩壊

2006年10月13日付の産経新聞に掲載された記事の一部を要約して引用します。

「なれ合い型」学級崩壊が急増「反抗型」影潜め

学級崩壊は平均で10校に1校の割合で起きており、そのプロセスは（1）管理重視で指導好きの教師に一部の子どもが反発、それが広がっていく「反抗型」（2）優しい教師による友達感覚の学級経営が瓦解を招く「なれ合い型」の2つに大別できるという。

学級崩壊の広がりが問題化した平成9年当時は、「反抗型」が主流だったが、最近は地方の学校で散見されるだけ。16年の大規模調査では、なれ合い型のケースが特に小学校で急増。首都圏の小学校で崩壊した学級の60～70％がなれ合い型だったほか、地方でも県庁所在地や人口密度が高い新興ベッドタウンなどの学校で増えているという。

年度当初、保護者は「自分の子どもは受け入れられている」と感じ、教師との信頼関係が築かれる。だが、内実は先生と個々の子どもの関係ばかりが大切にされ、集団としてのまとまりに欠けている。教師は友達口調で子どもに接し、子どもに理解させず、曖昧な態度を取ることが多い。

2006年当時、このように報道された学校現場の状況は、今どのように変化しているのでしょうか。小学校6年生という発達段階、あるいは社会全体が個人の権利を過剰に主張するような昨今の状況を考えると、「なれ合い型」学級崩壊が起こる可能性は今も十分残っていると考えられます。

○「集合」から「集団」へ

4月、6年生の子どもたちは、様々な思いを抱いて進級してきます。それまでの5年間の積み重ねを経て、一人ひとりが自分にとっての小学校生活最後の1年をスタートさせようと教室に入ってきます。先生との関係、友達との関係、学習について…。プラスからのスタートの子もいれば、ゼロからのスタート、もしくはマイナスからのスタートの子もいることでしょう。4月、6年生担任としては、そうした一人ひとりの思いや状況を丁寧に読み取っていかねばなりません。

しかし、個へのアプローチばかりに力を注ぐことが「なれ合い型」学級崩壊につながることは、前掲の記事からも明らかだと思います。したがって担任は、年度当初には個の集まりであった学級を、目的や目標を共有できる学級へと導いていくことが求められます。言い換えれば、担任は「集合」を「集団」に変えていけるようにリーダーシップを発揮していかなければならないということです。子どもたちが自分たちの力で「集団」を形成する力が弱い場合ほど、教師は意図的かつ計画的にリーダーシップを発揮していかなければなりません。

○「徹底反復」で発揮する教師のリーダーシップ

「最高学年なのだから、自分たちで考えて行動してほしい」

6年生担任として当然もつべき思いであり、願いだと思います。しかし、たとえ6年生でも、十分な指導がなされていないままに「自分たちで考えて」を強調しすぎると、「反抗型」あるいは「なれ合い型」学級崩壊を招くおそれがあります。

SL理論（1972年・左ページの図参照）では、集団の成熟度によって、とるべきリーダーシップが異なることとされています。最初は手順ややり方を細かく頻繁に指示する「教示型」。そして、集団の成熟度に応じて「説得型」→「参加型」→「委任型」へと移行させていくことが効果的だと言われています。つまり、たとえ6年生であっても、集団が十分に成熟していない状態であれば、教師が積極的にリーダーシップを発揮し、学級経営の主導権を握っておくことが重要です。

百ます計算、漢字の前倒し学習など、多くの「徹底反復」の実践は子どもたちの学力向上において高い効果をあげています。しかし、それらは学力向上という側面だけでなく、教師が子どもたちに対してリーダーシップを発揮していく上でも大きな意味をもつのではないでしょうか。「徹底反復」では、最初の段階で、教師は手順ややり方を細かく示します。そして、子どもたちが活動して伸びた部分に対しては肯定的評価を加えます。その後さらに「指示→活動→評価」を繰り返し、少しずつ「指示」が減り（支援が増え、やがて指示も支援も減る）、子どもたちは「自分たちで考えて」行動できるようになっていきます。そう考えると、「徹底反復」の実践の中でも、集団の成熟度に応じたリーダーシップのスタイルを意識することで、その指導は学力形成だけでなく、学級づくりにも大きな効果を及ぼすのではないでしょうか。

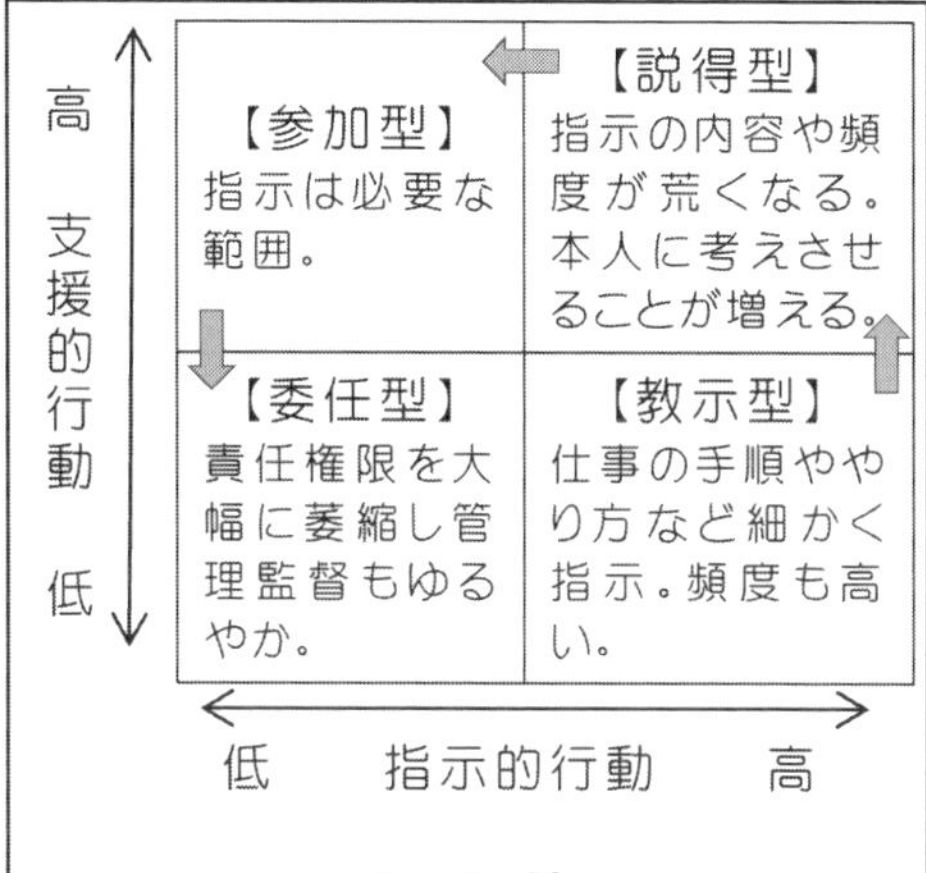

ＳＬ理論

思春期を迎え、自立欲求の高まりとともに自己主張も強くなるのがこの年の子どもたちです。一方で、集団の中で他者に影響を受けながら自分を磨いていけるのもこの時期です。だからこそ、「徹底反復」の中で、教師が子どもたちに対して適切なリーダーシップを発揮し、「集合」を「集団」へと成長させることで一人ひとりがさらに力を伸ばしていけるような学級づくりをめざしたいものです。

第4章

教師の授業力

教師の授業力
改めて授業力を考える
授業の高速化
教科書「で」教える
アクティブ・ラーニングの時代に

第4章

教師の授業力

教師の授業力

徹底反復研究会　代表
陰山英男

○授業の「型」

私がかつて勤めた立命館小学校では、1年分の漢字を5月の大型連休前までに教えてしまうということを、改めて全学級で取り組みました。そうすると、二百字程度の新出漢字を2週間あまりで教えることになるのですが、どのように教えたらいいのかが課題になりました。そこでまず初めに、私が基本的な形を示してから、全学級で実践してもらうことにしました。その中で、非常に重要なことが分かったのです。

それは、それまであまり目立たなかった先生の指導が、実に効果的で、多くの先生の見本になったことです。その先生の最も優れていたことは、一つの漢字の指導をしっかりしながら、「余分なことは一切指導しない。また、言わない」というものでした。

最初に漢字を読ませ、指でなぞって空書きをし、そして音読み訓読みを大きな声で言わせ、最後にノートに練習をさせます。この時、多くの先生は、その漢字の面白いところや変わった熟語の話をしたくなるのですが、その先生はそういうことを一切しなかったのです。そういう点では工夫のない授業と見られたかもしれません。しかし、その一見工夫がないと思われる授業こそが、非常によく考えられた授業だったのです。それはどういうことなのでしょうか。

例えば、子どもたちは書き順を学ぶと、すぐ音や訓を言います。一つの学習プロセスが終わると、子どもたちはその次の準備を、スムーズに、自主的に始めます。一方、余分な一言を言った先生の指導ではそのペースが崩れ、子どもたちの集中力は途切れるのです。つまり、子どもたちが集中しやすい授業というのは、型があるのです。漢字指導のように手順が確立すれば、子どもたちはその授業の型が分かり、それに合わせて自主的に学習していきます。いかに一般的、理念的によい授業というものが、実質的には真逆の結果を生むことになっていたことか。

私の新任時代、先輩の先生が、「授業における型も大切なのよ」というアドバイスをしてくれたのですが、「私は子どもを型にはめたくはありません」と、何の根拠もなく思いつきで反論をしてしまったのを思い出しました。授業の型の重要性に気付き、恥ずかしいことを言ってしまったなと思っています。

また、最近言われなくなった、『子どもから学べ』という言葉を改めてかみしめるようになってきました。何がよいのかは、全ては、実践の中における子どもの成長から見えてくるのです。しかし今、様々な実践が、その時々ごとに流行のように出てきては消え、消えては出てくる中で、最も重要であり、求められているものは何なのか。非常に見えにくい状況になっている気がします。

私は、授業づくりの基礎・基本が問われていると感じています。佐賀県の神埼市には、教師の授業指導論の基本をまとめた小さな冊子があります。板書の仕方、発問の仕方など、イロハのイの字のようなことが並んでいますが、授業の型をつくる意味でも素晴らしいものだと私は思っています。子どもたちの自主性を発揮させるために授業の型をつくる。皆さんにも考えてほしいことです。

○授業の高速化

授業はゆっくり丁寧に行わなければいけない。学校現場には訳もなくそうした思い込みがあります。ゆっくり丁寧な授業がよい授業と思う以上、授業が速く進むはずがありません。その結果何が起きるか。重要な教材が学期の終わりにたまってしまい、そこの指導がいい加減になってしまうのです。重要な学習を、時間がないからと反復することなく、十分な定着がないまま先へ進んでしまうと、先々の学習を困難にするという悪循環が起きてきます。

私が担任時代、読み書き計算の指導を徹底していると、ちょうど秋あたりから授業がなんとなくスムーズに進んでいくことがよく感じられました。当時は、子どもたちも落ち着いているからスムーズに進むのだと、何となく思っていました。しかし実際は、今までなかなか取り組むことができなかった計算問題もさっさとでき、難問の気付きも比較的早くなっていました。そしていつの頃からか、様々な授業でスピード感が出てくるようになってきました。そうなってくると、それに合わせてしっかり速く進めるというふうに、授業の在り方も変えるようになってきました。

そうするとどうでしょう。子どもたちもそのスピードに合わせて、どんどん学習するようになってきたのです。そしてついには、「これは50分かかる問題だけど、15分でできればかっこいいよね」と子どもたちに伝えると、実際にその時間でできるようになっていました。

ここで重要なのは、授業を速くすれば、子どもたちの理解が遅くなるというイメージがありますが、逆の場合も多いのです。しっかりと子どもたちの脳や計算力が鍛えられ、読み書きがさっさとでき、正しく高速に学習ができる。そのことで学習によりしっかり取り組めることが分かってきました。

今日の学校教育は、思考力、問題解決力が大切だと言い、時間をかけてじっくり指導する。それは必ずしも好ましいとは思えません。むしろ粗く感じても高速に進めることで、子どもたちに再度の振り返りをさせるとか、より高度な問題に自主的に挑戦させるとか、そうした個に応じた指導ができるという点でも、授業の高速化は意味のある取り組みだと思います。

ではこの授業の高速化はどのようにすればよいのでしょうか。単に今までの授業を速く進めるだけであれば、当然のことながら子どもたちはついてくることができません。しっかり話を聞く力。先生の授業にあわせてノートをしっかりとる書く力。計算や漢字がスムーズに解けるような基礎基本の力。それらが春の段階からしっかり鍛えられているかが条件になってきます。

そうした条件を整え、授業をどう高速化するのか。私は授業時間が足りないと言われ、土曜日授業が模索される中、この課題は極めて重要になってきていると考えています。

○教科書「で」教える

以前、平成27年の春から使われている教科書を、独自に取り寄せました。私が現場にいる頃に比べて、内容も増え、6年生の最後のまとめの練習ページなどを見ると、難易度では、最も難しいレベルに戻ってきた気がします。

しかし、私が教師になった頃には、月曜日から金曜日までは、1日を除き6時間目まであり、土曜日も4時間目まで授業をやっていたものです。

一方で、総合的な学習や英語、生活科などが増え、教科書の内容が量的にも質的にも負担が大きくなっているというのは、子どもたちはよほど能率的に学習しなければいけない環境になっていることを意味しています。

そこで、何人かの先生方に最近の学校の状況を聞きましたが、驚くことに、「特別大きな変化はなく、特別大きく問題になっていることもない」とおっしゃっていました。私は、その、問題が起きていない、あるいは起きていることが感じられないということを不安に思いました。

というのは、ゆとり教育が広まり始めた、1992年～93年当時、教材がどんどん削減されていきましたが、そのことに対して違和感をもつ教師が少なかったのです。私は、私学や塾に行かなければ学力は身に付かないというような公立学校の危機を感じたものですが、そうしたことに共鳴する先生はあまり多くはなかったのです。そして、読み書き計算をする私に対して、「そんな子どもの気持ちを抑えつけるような学習の仕方をさせるべきではない」という批判を受けることになったのです。

しかし、それが実社会の中で話題になってくると、正反対の動きとなり、ゆとり教育批判は文部科学行政批判となり、そして、教育改革の新しいうねりとなって跳ね返ってきたことを忘れるわけにはいきません。

私が、もしこの教科書で子どもたちを教えるとするならば、相当に悩まざるをえないと思いました。よく見ていくと、例えば、3年生のかけ算のおさらいなどでも、以前は4年生の後半に出ていた分配の法則や交換の法則がここで扱われています。また、ここではかけ算のおさらいということで出てきているだけで、きちんとした法則性を子どもたちに理解させるというプロセスにもなっていないのです。こうしたことから、どの子にもきちんと学習内容を定着させるためには、相当な困難が伴うと感じています。

教科書とは別に、プリントのような教材も作らないといけないだろうし、授業の在り方についても、できるだけ短時間で効果的に子どもたちに理解させる方法をより強く考えなくてはいけないと感じるのですが、そういうことを考える人は少ないでしょう。子どもたちにただ指導するだけで、そのアウトプットは子ども次第というのなら、これは履修主義といって、単に教師は教えればいいというだけのことになります。

ダイエットのCMではありませんが、近年は、結果にコミットする、結果が求められる風潮が強まり、そして、いろいろな学力テストが実施されるというように時代は変わってきています。私自身、この教科書の変化は、学校現場での学習の内容や在り方について、根本的にどうあるべきかということを問う機会を与えていると思います。

では、具体的にこの状態にどう対応するのか。以前、ある先輩がこんなことを言っていました。「学習指導要領の改訂のときに、大きく動く教材が必ずある。しかしその動く教材というのは、基本的にはそう大きな意味をもつものではない。むしろどっかりと居座っている、後々影響の出てくる教材をしっかり指導しておくべきだ」というのです。ゆとり教育の時代、分数の足し算引き算が6年生に引き上げられたことはありましたが、完全に消えたわけではありません。その後の学習にとって最も重要なものは何かということを改めて考えつつ、時間が短くなった中で、どのようにこの教科書に対応していくのかは、今後考えなければならない一番の課題だろうと思っています。

いざとなれば教科書を一切読ませずに、重要なところだけを抜き出した教材を作り、それをやらせるという方法もあるでしょう。また、教科書の内容がしっかりしていると判断すれば、前日までに教科書の音読を宿題に出しておくということもあるでしょう。

いずれにしてみても、短時間で最大限の効果をあげるということで学習を考えないと、時間や手間暇が際限なく使えるという錯覚のもとに作られた指導方針は、実際に学校現場の日々の活動の中では全く役立たないものになってしまいます。むしろ役立たない計画を作るだけマイナスといっていいでしょう。子どもたちに一体何をどう学ばせるべきか。そのためにどのぐらいの時間が必要か。こうしたことを冷静に考えながら、それをどのように時間を当てはめていけばよいのかを考えることが、今求められていると思います。

○アクティブ・ラーニングの時代に

アクティブ・ラーニングは、日本の大学の授業改革として提起されたことが、もともとの出発点でした。国際的な大学のランキングにおいて、日本の順位は近年大きく下げてきています。一つには、授業のグローバル化や英語での対応の遅れ。また、入学時期の海外との違いによる、留学の交流の少なさなどいくつかありますが、大学の授業の中身として、一人の講師が何十人、時には百人を超える学生相手に知識伝達を授業することが大きな遅れの要因となっています。

現在、科学研究の分野においては、研究の進展にともない、過去に当然としてあった知識や内容が、実は本質的には間違っていたことが多く指摘されるようになってきました。また、従来にはない、全く新しい考えや発見などが提起されることも多々あります。そして、ある問題に対しては、様々な分野からの知識が必要となり、多様な観点から問題を分析することが起きてきています。

こうした研究の場において必要となってくるのが、能動的に学んでいくアクティブ・ラーニングの姿なのです。こうしたアクティブ・ラーニングの授業形態は、世界的に大きな潮流となっていますが、そこに一番乗り遅れてしまっているのが日本なのです。この新しい授業形態に転換していかなければ、現在進んでいる日本の大学の国際ランキングの低下は止められません。こうした危機感が背景となって、アクティブ・ラーニングが提起されているのです。

しかし、このアクティブ・ラーニングが提起されると、この授業のやり方を小中学校でも行わなければいけないと、最も敏感に反応したのが義務教育の現場でした。私も文部科学省の担当官と話をしてみましたが、小学校の教職員が過剰に反応していることに驚いていました。

なぜなら、日本の小中学校での学習は、総合的な学習を始め、かなりアクティブ型に転換されてきているからです。危惧されているのは、学び方の確信ということの陰に隠れて、本来アクティブ・ラーニングを支える基礎的な知識や学習方法の習得に不足が生じるのではないかという懸念です。

文部科学省が、小中学校の段階においてもアクティブ・ラーニングの重要性を提起してはいますが、あくまでそれは基礎的基本的な内容を習得したうえでのこと。そうしたものを生かす在り方としてアクティブ・ラーニングが提起されているにも関わらず、従来の学習とアクティブ・ラーニングを対立的にとらえ、これからの時代は、アクティブ・ラーニングであるということを強調し、基礎基本の不足が起きてしまうのではないかという懸念なのです。

アクティブ・ラーニングは、ある課題に対して予め子どもたちが学習をし、それに対してある程度まとめをしたうえで授業に臨むことを言います。一言で言うならば、予習型の授業形態に展開をしていくことです。習ってもいない内容を自ら予習していくためには、よほどの基礎的な知識と学習方法、またその積み上げが必要です。

文部科学省においても、基礎基本の内容の上に立ってアクティブ・ラーニングが推進されるべきと言っていますが、日本の教育論議がかってそうであったように、「これからの時代は」という枕詞がつくと、それまでの時代のことを全否定してしまうような風潮があります。アクティブ・ラーニングは、自分たちで予習をしてくるということですから、文章の読解能力や、そこから得られる理解力など、そうしたものがより高度に求められるようになってきます。従来の基礎基本の高度化こそがアクティブ・ラーニングという新しい学習形態を成功させる土台になっているのですが、そのところが軽視される危険性があります。

かつて、アクティブ・ラーニングのことについてTwitterでつぶやいた時、アクティブ・ラーニングができていれば基礎基本の習得はさして重視すべきことでないと言ってきた教職員がいました。私たちは、基礎基本の重視を主張してはいますが、それは様々な教育を推進していくための土台が必要なのだと言っているのであり、基礎基本ができていれば、あとはどうでもいいと言っているのではありません。教育方法を推進する人の中には、AでなくてBであるという言い方をし、アクティブ・ラーニングでなければ後はどうでもいいと言う人もいます。私は、正しい形の授業方法が基礎基本の充実とともにすすんでいくべきだと考えています。

改めて授業力を考える

徹底反復研究会　神奈川支部
小西範明

授業力は大まかに分けると二つの力から成ると考えています。一つ目は綿密力、二つ目は柔軟力です。それぞれを詳しく考えることで授業力の全貌を捉えたいと思います。

○綿密力

まず、綿密力とは準備を十分にして臨む授業で問われる力です。基本的には、日々の授業準備でこの力は付きます。そして、その授業で代表的なものが研究授業です。1回の授業で「子どもを伸ばす」ことは難しいですが、教職員として必要な力、つまり綿密力が表れます。授業に対する熱意、周囲と協同する力、子どもたちと上手く関係をつくるコミュニケーション力が問われます。したがって、研究授業が評価されるのは、それはそれで授業力の一つがあると考えていいのです。

実際、私は初任のときから積極的に研究授業を引き受けてきました。その授業自体が子どもたちによかったかどうかは、しっかりと振り返る必要があります。しかし、研究授業を引き受ける過程で積極性や熱意をほめていただき、教職員全体のコミュニケーションの活発化と研究方針の確認を図ることができたと思います。自分のためというより、学校のために貢献するのだと考えて研究授業は引き受ければいいのです。

○柔軟力

二つ目の力、柔軟力は綿密力とは反対に全く準備がなく、全く想定をしないで臨んだ授業で、全ての知識と技術を結集させて、子どもたちを授業で指導する力のことです。柔軟性がどれだけあるかともいえます。瞬間的にめあてと現状を把握・理解して、授業をしなければなりません。突然、他学年や他クラスの授業に入ってもやっていけるか、ということが問われるのです。この力は授業に関してのみならず、災害が襲った際に瞬間的に上手に対応する力にもつながっています。

また、どの学年の児童も指導できるということも柔軟力に入っています。1年~6年まで、どの地域でも、確かな学力をつくるための指導ができる力が必要です。徹底反復指導に関していうと、高学年での徹底反復指導は子どもたちの学習する目的理解、子ども・保護者との関係性が強く問われるのでより柔軟力が必要となってくると考えています。

○成果：長期的な視点

綿密力と柔軟力、この二つが授業力であり、その成果は「子どもたちへの変化」で見取ることができます。授業前と授業後で子どもたちがどう変わったか、大きな視点では担任する前と担任する後で、子どもたちがどのように変わったか、ということです。

研究授業では、「子どもたちがどれだけ自信をもったか」で綿密力が自分にあるかを振り返るとよいでしょう。前回の研究授業と比較して、どれだけ子どもが伸びたか、定点観測をするのです。定点観測とは特定の基準を自分でもって子どもたちを振り返ることです。毎回、どの教科・学習でも同じ観点だと、子どもたちの成長が分かりやすいですから、私は普遍的な三つの観点をもっていました。それは、①授業規律　②書く力　③発表する力　です。授業参観でも三つの基準で見てくださいと案内を出し、保護者や参観者、子どもたちにとっても成長が分かりやすいものとしていました。

これらの力は、最後のまとめの会、例えば学習発表会、卒業式に向かってつながっていきます。

○成果：短期的な視点

1回の授業で子どもが伸びることは難しいと述べました。これは学力に関して当てはまりますが、心の成長に関しては1回の授業で大きく変わることがあると思っています。

それが「心を揺さぶる授業」です。おもしろ理科実験、命の授業、教師自身の経験からつくりだす道徳的な授業などです。体験的な授業や共感的な授業は子どもたちの心に残りやすいものです。

おもしろ理科実験は、驚き・感動がそこにあります。命の授業は、人生を考えることができます。教師の話は、身近に感じることができます。

個人的には、侍ハードラーの為末大選手との2度の出会いから「あきらめないことの大切さ」というテーマで道徳の授業を3年連続でしています。いろいろな学年や担任外のクラスで授業をさせてもらっています。また今年、祖父を亡くす現実と向き合った経験を話し、子どもたちに命の大切さを考えてもらいたいと思っています。心に響く内容は子どもが傷付かないような配慮が必要ですが、日頃の徹底反復指導に加え、エッセンスとして「心を揺さぶる授業」を毎年数回は組み入れたいものです。これらの授業では、綿密力と柔軟力、どちらも付けることができます。

○アクティブ・ラーニングというチャンス

アクティブ・ラーニングという新学習指導要領の方向に向かっていますが、「読み書き計算」基礎学力があってこそ、ということを忘れてはならないと強く思っています。不易流行という言葉のとおり、基礎学力の充実は江戸時代の寺子屋から重要だとされているものです。

神奈川県では知事から、学力テストの結果を受けて小中学生に対して基礎力が足りない、「『読み書き計算』で基礎力を付けていこう」という連絡ポスターが配布されました。基礎学力をいかにして「飽き」なく、アクティブに身に付けていくという「工夫」が今後必要になってくると考えています。

かつてのゆとり教育が始まった時代と、今日のアクティブ・ラーニングへと転換が図られている時代は似ています。基礎学力に重きが置かれなくなる可能性があるというピンチは、チャンスにもなりえます。子どもたちにとって必要な力は何か、これまで以上に考えていくことが求められます。

最後に、岸本裕史・陰山英男「やっぱり『読み・書き・計算』で学力再生」の言葉を紹介します。「『ゆとり』は充分な基礎学力の上にこそ成り立つ（p.169)」。次のようにも言えるでしょう。「『アクティブ・ラーニング』は充分な基礎学力の上にこそ成り立つ」と。

第4章

教師の授業力

授業の高速化

徹底反復研究会　東北支部
駒井康弘

○「全文精査」を止めて

「蕪はまだ抜けないのですか」

『おおきなかぶ』の授業をご覧になった野口芳宏氏（植草学園大学名誉教授）の言葉です。

『ごんぎつね』に対してはこういうのもあります。

「御地ではまだ『ごん』は死なないのですか」

痛烈な批判です。しかし、私は痛快と受け止めました。氏の本音です。このお話を伺ったとき、私も全く同感でした。あまりに時間をかけ過ぎて、子どもは飽きてしまう様子を目にすることがあります。それでも素直な可愛い年端もいかない小学生ですから、先生が「今日も『ごんぎつね』だ」と言えば、内心は嫌だと思っていても、露骨に口に出す子はいません（クレーマーがはびこる現在だと出てきそうですが）。結果的に、同じ文章に10時間以上もかけ、持久力を鍛える授業、忍耐力を鍛える授業が行われています。

一般的に指導書に載っている『ごんぎつね』（文学的文章）の指導計画はこうです。

初発の感想・めあて作成・・・1時間
場面ごとに主人公の気持ちを想像・・・5時間（『ごんぎつね』）
学習後の感想・・・1時間
言葉の学習・・・1時間

ざっと8時間ですが、これに漢字指導が加われば1時間は増えるでしょうし、どう考えても「初発の感想・めあて作成」を行うと私の経験では、到底1時間で済みません。最低でも2週間は毎日『ごんぎつね』とつきあうことになります。私が子どもなら嫌です。

しかし、指導書に載っているのですから、真面目な教師はこれに則って計画通りに進めようとします。また、赤刷り教科書の使用頻度を観察するに、ほとんどその「虎の巻」に頼りっきりで授業をしていることが窺えます。それも、赤字で書かれてあることを何の脈絡もなしに、全て発問するわけですから、問わなくて全然構わないような愚問も連発します。授業のスタートならばウォーミングアップとして許せても、授業の山場が過ぎた辺りでの単発的愚問は子どもでも閉口するでしょう。しかし、それが実情です。野口氏は、このような文章全てに対して赤刷りを片手に精査（問いかけながら読みとる）していくことを「全文精査」と呼んでいます。

これを止めよう、というのが野口氏の以前からの主張です。

○「焦点精査」で高速化

分かりきったことを問われるのは、できる子にとってはつまらないことです。授業のスタートではよく誰でも答えられることを問うことはあります。ですが、これに終始していては子どももしらけてしまいます。そこで授業を左右するのが教師の発問です。

以下に、発問の作り方について、野口芳宏氏から学んだことを書きます。

子どもではとうてい読めない、気付かないであろうことを問います。子どもの読みの「不足・不備・不十分」です。子どもの読みの不足・不備・不十分は潜在的であり、これを顕在化させるのが発問です。学習活動とは、落とし穴を作り、そこに子どもを一旦落とし、そこから引き上げることを言います。

落とし穴＝発問　➡　一旦落とす＝考えさせる　➡　引き上げる＝指導

具体的には『ごんぎつね』ならば、まず、こう問います。

「ごんは良い狐ですか、悪い狐ですか」

子どもは最後まで読んでいますから、良い狐だという間違った印象をもっていることがほとんどです。しかし「菜種がらの干してあるのへ火を付けたり、とんがらしをむしりとっていったり」等の一連の悪戯とは呼べない「犯罪」は決して良い狐とは言えないことを証明します。ここに子どもならではの誤読があります。生活の糧としている「いもを掘り散らかしたり」されては、農民はたまりませんし、ましてや、火が燃え広がって火事になったら大変です。子どもの読みは「ごん」に寄り添いがちですから、そこを突くのです。

このように発問を吟味していけば、時間はそれほどかかりません。週5日、5時間以内で一つの文章を終わらせることが理想ですし、現に私はそのようにしています。隣のクラスが2週間も3週間も『ごんぎつね』をやっているときに、次の文章、次の単元に入っています。それでも、ワークテストの点が下がることはありませんし、早く終わるので子どもたちは好意的に受け入れてくれます。何より一つの文章を今日も明日も明後日も、ずっと、ずうっと読まされるのは苦痛なのです。日常的な読書ではそういうことはありません。国語の授業のときだけです。

発問作りですが、これが容易ではありません。教師の読みの力が授業に直接反映します。発問ができたところで、考えさせることはできますが、指導も一筋縄ではいきません。だから授業は楽しいのです。

子どもの「不足・不備・不十分」こそ文章の焦点であり、それを精査することを、「焦点精査」と言います。

1単位時間の指導が高速なのではなく、教材文の指導、単元が高速化されます。

第4章

教師の授業力

教科書「で」教える①

徹底反復研究会　副代表
山根僚介

○授業と教科書

私が教師になった頃は、教科書を使って行う授業はダメな授業という風潮がありました。また、教科書を主教材として授業をしていると、「教科書を教えるのではない。教科書で教えるのだ」と言われました。特に算数の授業では教科書を使う教師は手抜きをしているというレッテルを貼られ、児童の実態に即した学習課題を用意し、課題解決を行う授業が推奨されてきました。

ちょっと違和感を感じた私は、様々な書籍を読み、研究団体のセミナーにも出かけました。そこで分かったのは、「教科書で教える」ことは確かに大切なことであり、児童の実態もよく踏まえた上での授業が展開されることが望ましいものの、それ以前に「教科書を教える」ことすらできないのに、そんな高望みが可能なのか、ということでした。初めから教科書を否定し、教科書を児童から回収して見せないようにして、1時間の授業でひたすら学習課題を考え続け、結果として練習問題に取り組む時間はほとんどないような授業はおかしいのではないかと感じました。

残念ながら、今でもこの風潮は算数の授業に強くあります。某県の算数科研究大会にお邪魔したときには、1～6学年の授業で教科書を使っていた授業は一つもありませんでした。この問題が相当根深いものであることを象徴しています。教科書を使う授業は授業のいろはの「い」だと声を大にして言いたいです。守破離の「守」です。

最近の小学校の算数の教科書は、基本的に問題解決学習で学習を展開するように記述されています。教科書には、「～を求めましょう」という問題よりも「～を考えましょう」とか、「～を調べましょう」という問いが多く見かけられます。いわゆる協働的な学習形態が基本となります。恐らく日本中津々浦々でこの学習形態が推奨（強制）され、正しいとされています。ところが文部科学省では、学びのイノベーション事業で『ＩＣＴを活用することにより「一斉指導による学び（一斉学習）」に加え、「子供たち一人一人の能力や特性に応じた学び（個別学習）」、「子供たち同士が教えあい学び合う協働的な学び（協働学習）」を推進していくことが重要です』と示しています。一斉・個別・協働は授業の中で共存しているはずであり、【協働学習で授業が展開されなければならない】と考えることは偏っていると感じます。つまり、教科書が問題解決学習を前提に編集されてしまう現状では、一斉学習では使いにくい教科書だと感じてしまうのです。

○二つの例で考える

5年生では分数÷整数、6年生では分数÷分数という、分数のわり算を学びます。$\frac{3}{8}\div 6$や、$\frac{2}{5}\div\frac{6}{7}$といった計算ですが、どのように授業しますか。

A　割る数をひっくりかえして（逆数にして）かけることを教える。
B　文章題を示し、解き方を考え、グループや全体で練り合う。

当然ながら、Bを選ばれる方が多いと思います。その方がよい授業のような気がします。しかし、よほど鍛えられた子どもたちで、よほど修行を積んだ担任でない限り、実態は、一部の児童が発表して他の児童は追随しているだけです。そして、分数で割るということがよく分からないままにその考え方を考えるという、大変非効率な方法になってしまいます。

私は迷わずAを選びます。なぜなら、それまでに分数のかけ算を習っており、逆数にすることだけをマスターすれば、わり算は「できる」からです。問題を示し、逆数を掛けることを指導し、やらせてみればほぼ全ての児童が「でき」ます。「分数のわり算って、難しい？」と聞けば、全員が「かんたん！」と答えました。わずか1時間でわり算ができるようになり、練習問題を繰り返していきます。その後、「ところでどうしてひっくりかえしてかけるのかな？」と問い、考えさせればよいのです。なぜならもう「できる」ようになった計算なので、安心して考えることができ、主体的に思考するからです。ここから協働的な学びが始まります。

次に、3年生のたし算・ひき算の筆算（3桁・4桁）です。ある教科書では11時間の配当です。たし算・ひき算それぞれ、何パターンかの繰り上がりや繰り下がりを協働的に考えていくように教科書は編集されています。しかしレディネスで2桁の筆算をさせてみるとほぼよく理解していることが分かりました。ということは筆算ができるということです。そして加減の筆算は2桁でも3桁でも10桁でもやり方は同じです。ということは、教科書が用意している何パターンもの繰り上がりや繰り下がりは2年生で習得済みであり、もう一度はじめから思考して解法を編み出していくことは必要ないという結論に達しました。結果、たし算で1時間、ひき算で1時間、4桁のたし算ひき算と文章題で1時間、合計3時間で学習を終えることができました。残りの8時間は練習に充てることができます。テストが可能なら早めにテストを済ませて次の単元に進んでもよいでしょう。

○気を付けたいこと

速く指導することはいくらでもできます。でも子どもたちが全くできていないのに、お構いなしに進めることは害悪でしかありません。授業中でも子どもたちの理解度を形成的評価で確認しながら進度を決めましょう。子どもが『できた』という喜びを実感できるように、しっかり子どもを観ましょう。また、このような授業手法はかなりマイノリティであるということです。賛同してくださる管理職や指導主事は皆無でしょう。学年主任も渋い顔をされるでしょう。もし、そのような方々からこの手法を否定されるのなら、それを無理矢理押し通そうとしてはいけません。職員室での和を乱すことは、取りも直さず子どもへの悪影響となって現れるからです。ある手法が否定されたのなら別の手法を考え、子どもたちのためになる授業をつくっていきましょう。事実の積み重ねこそが、理解を得られる近道となるからです。

第4章

教師の授業力

教科書「で」教える②

徹底反復研究会　東北支部
駒井康弘

○いつまでも振るわない「作文指導」

自分がよかれと思って着ている衣服について他人からとやかく言われるのは、決して心地良いことではありません。お気に入りのネクタイを締めていて、あけすけに「ちょっと、あなたには若すぎない？」などと、いくら気心の知れた同僚に言われたところで同じでしょう。自己表現に対して「ケチ」をつけられるようなことは、歓迎されません。歓迎されないどころか、普通は嫌悪感満載ではないでしょうか。

表現に対してケチをつけることが歓迎されないのなら、「美点凝視」の視点でほめまくればよいのだというのが私の主張です。人はお世辞でも悪い気はしないものです。

さて、何を言わんとしているのでしょうか。ズバリ「作文指導」についてです。

教科書どおりでは指導が進まない、子どもがつまずけば進むはずなし。「その最たるものを挙げよ！」と言われたら、私が真っ先に頭に浮かぶのが「作文指導」です。

私が採用になった頃から、文部科学省が「文部省」だった頃から、ずっと「作文教育」は極々一部の、限られた教師だけが力を入れて取り組んできた分野です。それほどまでに人気のないのが「作文教育」です。四半世紀を超えた教師人生で得た実感です。文部科学省は、作文力を向上させようと四苦八苦してきたと私は感じています（「教師に作文指導に取り組ませようとした」と言った方が当たっているでしょうか）。生活作文だろうが、論理的な文章の作文だろうが同じことです。「書くこと」の教育を充実させようと腐心しているのだろうと、学習指導要領の改訂のたびに、私は感じてきました。一時期、「ＰＩＳＡ型読解力」が騒がれたときには、ある事象に対しての自分の考えを記述する力の必要性が喧伝されました。それは現在でも同様でしょう。配当時数を増やしたり、現在の国語科指導でよく聞かされる「単元を貫く言語活動」も、結局は「作文指導」につながるのだと私は捉えています。言語活動が目的的に為されるとき、何らかの成果物が想定されるのは自然な単元構成です。しかも、何か「書いた物」、つまり「パンフレット」「ポップ」「帯」「新聞」などを作ると言っても、内実は作文を書くことに他ならないわけです。

ところが、駄目です。作文教育は振るいません。教科書に則っての指導では、子どもの実態に適合しないからです。例えば、教科書によくある、文章構成表を作らせるような学習活動を行う際、すでに困難を感じる子どもが存在します。書けないのです。

○打開策～真面目に考え過ぎると作文指導はできない

では、どうすれば書けるようになるのか、過去に実践の中から手応えのあったものを紹介します。

○多作主義

駄作でもかまいませんからどんどん書かせることです。ことあるごとに書かせます。書かなければ書けるようにはなりません。そのためにはサンプルが必要です。長いと読めませんので、短い文章をサンプルとして提示します。「これくらいなら書けそう」というものを提示します。日直にスピーチのかわりに作文を書かせます。教具室に眠っていた作文指導用の黒板を持ち込みます。眠っていた物を起こしてあげます。指導事項をここでチェックします。ケチをつけるのではありません。確認作業です。みんなで確認し合います。例えば「一字下げ」「段落」「常体・敬体」「文末の工夫」「擬態語」「擬声語」「副詞句」などです。

初めは、何かをした後がよいです。身体でしたことは文章にしやすいからです。日直作文も最初はほんとにくだらないことしか書けません。それでも、光るところを指摘してほめて、他の子どもにも真似るよう促します。

日記も書かせます。粗末な文字でも何でもよいので、書き続けることができるようにします。先に挙げた「ケチ」ではないですが、文字が粗末だとか、誤字があるとか、いちいち細かい点を重箱の隅をつつくようなことはしません。かわりに、大きく「よし！」とか「感動した！」などと朱書きし、その部分に傍線を引き、花丸を添えておきます。これを繰り返すのです。書かれて嬉しい言葉を自分なりにストックし、毎日同じ言葉にならないようにするのがコツです。共感的に「○○と思ったんだね」という具合にオウム返しのように書くのも、中学年くらいまでならOKです。

○短作文主義

何かあるたびに、反古紙を配布して書かせます。20字程度の文を箇条書きにさせます。行事の後、避難訓練の自己評価、全校朝会の校長先生の話の感想や要約、学級会での意見、など、B7やA6サイズに裁断しておいた紙片に書かせます。短い文ならば誰でも書けます。一つ書けたら二つ、三つと気軽に書けるように声をかけます。そして、「学級通信に載せるので、一番のお気に入りに印を付けてください」などと指示し、言葉通りに学級通信で紹介します。このとき、必ず全員分を載せることが原則です。

○率先垂範

「指導と評価」など、堅いことは抜きにして、まずは書き慣れさせることが先決です。子どもをそうさせる前に、自分がそうならないといけません。学級通信が最適です。例えば、授業で指導した「書き出しの工夫」を学級通信でも見本としてさりげなく書いて見せます。子どもも読めるよう簡単な文章で「会話文」から書き始めることを少々続けます。すると「ほら、先生のように書けばいいんだよ」と言えます。指導の原則です。「やってみせる」のです。これを反復し、教科書の単元に備えたり、補ったりします。

第4章

教師の授業力

アクティブ・ラーニングの時代に

徹底反復研究会　神奈川支部
小西範明

○日本人とは何か

教育誌「日本教育会」で寄稿したものの一部を以下紹介します。

『私は恩師から「養生訓」を紹介してもらい、完読したことを皮切りに「武士道」「教育勅語」を読んだ。後者2冊は英書でも読んだ。これらの書物は世界中に発信され、日本の教育や心は素晴らしいと世界中から絶賛され、生活心得書として大人にとっても参考とされているのである。

恥ずかしながら、このような書物を読み始めたのは社会人となり「日本人とは何か」「日本人という国民性に適した教育は何か」と問い始めてからである。学生のときからこのような関心を持ち、早くこれらの書物と出会っていれば教育「観」形成に大きく影響されていただろうと推測する。（中略）「日本人とは何か」の学び旅はまだ始まったばかりである。日本人だからできること、日本人にしかできないことを理解し、日本人としての誇りを持って堂々と世界で生きていけるような人間に私はなりたい。そしてそのような人間を育てていきたい』

アクティブ・ラーニングは欧米から発信されたわけですが、それが日本人の特性にどのように適応するか、を教育者自身が考えなければならないと思います。徹底反復学習に代表される「読み・書き・計算」は日本人に大変合ったものではないでしょうか。「自己主張や自己表現が苦手な分、逆に、それが奥ゆかしく、日本人の美徳にもなり得る」「集団の秩序を重んじる」これらの特性が合っていると思うのです。子どもたちの自主的な学習活動「アクティブ・ラーニング」はこの基礎基本の学習を踏まえて行われていなければいけないと感じます。

様々なクラスを経験してきて、また様々な授業をする中で、この基礎基本ができているクラスは、アクティブ・ラーニング、というより何をやってもよく吸収すると実感します。陰山先生の言葉を借りれば「揺るぎなき基礎は多様性に転化する」ということはやはり今、改めて大切にしないといけないことではないでしょうか。

では基礎基本というのはどういうものか、自分で考えて実践していることを紹介します。

○私の考える基礎基本は学習規律と学習土台

①授業進度を速く

人は制限があれば集中できます。最も効果的な制限が時間制限であると考えます。最後の人を待たないようにします。最初にできた人が待つほど、馬鹿らしいことはありません。集団の中でついていけない場合も、「ついていかないと困る」➡「速くしよう」という意識をつくっていかなくてはいけません。

私は授業を開始した直後、ノートを開いている人数をチェックします。これだけ毎回続けることで、ノートを開いて準備をすること、ノートを書くことを意識することができます。

また、話すスピードも少し速めにします。「ついていけるか、いけないか」くらいのレベルを目指すようにしています。発達の最近領域という考えからも、このレベル設定は大切です。

授業の進度も少し速くして最後に復習の時間をとるようにします。

時間は有限です。時間を遅くしても速くしても大して変わらないのであれば、「速さ」を意識していきたいものです。

②切り替えを速く

切り替えは、休み時間➡授業、話す活動➡聞く、書く活動➡聞く、などの切り替えを瞬間的に速くすることでメリハリをつけることができます。これは指導者側がどれだけ徹底できるかにかかっていると思います。

厳しく注意したいものです。速くできた人がずっと待つ状況はおかしいです。切り替えの練習をソーシャルスキル・トレーニングとして実践することも有効です。

まずは体育で楽しみながらできます。例えば○○に集合➡こちらを向く、最後までしゃべっている人は、アウトとします。集団の中で間違った人、遅れた人がアウトです。

サイモンセーズというゲームも応用することができます。指導者が「起立」といい、最後まで起立しない人がアウトです。

こういうトレーニングを繰り返し、繰り返し行うことで切り替えを速くすることができます。授業での指示が通りやすくなります。

③丁寧に速くたくさん書く

書く活動は学力をつける上で大変重要です。しかしゆっくり丁寧に書く児童が多く、板書を最後まで書くことができない児童も見られます。丁寧にたくさん書く練習が必要です。書写の時間ではどれだけの数の文字をはみでないように一定時間でなぞれるかをカウントします。これを繰り返すことで、速く書くことを意識するようになります。書く力がつきます。

また、授業内でも板書量を増やし、書く量を増やします。書き終わった人から挙手させ、クラスの半分程度が挙手したら次に進みます。半分より遅い場合は遅いと自覚し、努力するように促します。

このようにして書く力をつけて、学習のベースを固めていきます。

基礎基本を固めることで、アクティブ・ラーニング型の授業がしやすくなります。学習指導要領が変わっても、これらは能力論に関わっているので対応できます。教育の多様性が増しても、やるべきことは変わらないのではないかと思います。また、学年が変わっても、家庭でも学校でも大切なことだと思います。「アクティブ・ラーニングの前に」どれだけ基礎基本ができているか、また基礎基本とはそもそも何かを考えていただけたらと思います。

第5章

「ぐるみ」の指導の重要性

地域・学校・学年で徹底反復に
取り組む

第5章

「ぐるみ」の指導の重要性

地域・学校・学年で徹底反復に取り組む①

徹底反復研究会　代表
陰山英男

○福岡県飯塚市、田川市での奇跡

福岡県飯塚市での全市をあげての陰山メソッドの実践は、2012年から始まりました。大きな成果をあげながら、隣の田川市にも波及し、教育長のリーダーシップのもと、全市的な実践がスタートしました。今から思えば、スタート時点の飯塚市の教育状況は、本当に深刻なものであり、最初に指導を依頼された小学校は、私がかつて見てきた学校の中でも段違いに低いレベルでした。読み書き計算の習熟はおろか、成績トップの子でもテストは70点ぐらい。保護者が毎日、学校にクレームを言いに来るということがあり、1年間のうちに、校長、教頭、教務の3人が病気療養に追い込まれたという、かつて聞いたこともない学校崩壊の状況にあえいでいました。当初、学力向上を引き受けたものの、その学校の資料を見て、冷や汗が出る思いでした。自分の理解の範囲を超えた現実に直面し、それこそ、逃げられるものなら逃げ出したいほどの内容でした。

しかし、不退転の決意をした飯塚市の教育委員会と学校。そして、教育長が、「飯塚市は陰山メソッドでいきます。陰山先生には、飯塚市の教育に魂を入れてもらうために来てもらいました」

と、そう教職員に訴える姿を見て、私もやるしかないなと覚悟したのを覚えています。

それが今や、全ての学校が全国平均を上回り、地域の最困難校と言われた小学校は、地域のリーダー校に数年で変貌しています。この実践の中から私自身が学びとったもの。それは、読み書き計算の徹底反復は、マネージメントによって本当の進化を発揮するということです。一言で言うなら、学校ぐるみ、地域ぐるみ。大人たちの確かなネットワークの中で、徹底反復の指導法は、強烈な指導性を発揮すると分かったのです。昨年春から始まった田川市では、教育長は、「飯塚市に追いつき追い越せでやろう」と言っておられます。

私は、飯塚市の実践をつぶさに見てくる中で、そう簡単に追い越せるものではないと思っていました。事実、昨年6月に田川市に視察に行った際には、飯塚市に比べてもより困難なものを感じていました。しかし、11月に行ったときには、激変していました。子どもたちが強烈に伸びていたのです。飯塚市の5年分を、1年でやってしまうかのような強烈な変化でした。ある小学校では、去年の4月の全国学力テストで平均を大きく下回っていたにも関わらず、6月下旬の段階で、その6年生が、ほぼ全ての漢字を習得していたのです。それはあまりにも強烈すぎて、私ですら、「それは魔術ではないか」と思うほどの成長でした。この地域ぐるみの実践が、さらに隣町に相乗効果をもたらすことによって、地域は熱気を帯びていきます。

先行する飯塚小学校では、全国の何倍もあったであろう問題行動が激減しました。片峰教育長の言葉を借りれば、減ったのではありません。なくなったのです。それほどの変化が起きたのです。

その結果、生徒指導に費用がかからなくなり、それが、6年生の全児童がマンツーマンで英会話の指導を受けるという、オンライン英会話の授業に展開していきました。隔週で飯塚市の全小学校が、マンツーマンでフィリピンからの直接の英会話の指導を受けているのです。

かつて飯塚市は教育環境が悪く、若い夫婦は住むべきでないと言われる地域でした。しかし、このよい流れの中で、若い夫婦が競って転居しだし、教育の力によって、人口が増え始めたというのです。そして、その動きが田川市にも広がっているのです。昨年暮れに、オンライン英会話の視察を終える中で、新たに近隣の、川崎町やみやこ町も、その輪の中に加わることを伝えてこられました。実践の進化が、実践の広域化を生んできているのです。

○大きなムーブメントに

私は、この変化を着実な実績として示す必要があると考え、この1年間の実績が、来年の全国学力テストに反映できるよう、小学校5年生のまとめの学習を行うこと。また、小学校段階で子どもたちがつまずくことがないよう、盤石な基礎を小学校1年生の段階で固めるということ。この2本柱を、飯塚市と田川市の合同研修会の場で作り上げていくことを提案し実現しました。その場には、川崎町やみやこ町はオブザーバーという形ではありますが、参加されるということも決まりました。

兵庫県の山口小学校から始まった実践は、広島県の土堂小学校によるシステム作りを経て、山口県山陽小野田市による地域での学力づくりにつながり、こうした助走段階を経て、本格的な教育の在り方として、一つの完成形に向かって動き始めたと思っています。私がこの流れの中で強く学んだことは、徹底反復学習は、しっかりとした理念を持つリーダーのもと、確かなマネージメントによって、本当の教育の成果を提起できるということです。学校ぐるみ、地域ぐるみ。これは取りも直さず、大人たちがネットワークによってつながれていくということを意味しています。このネットワークの力が、子どもを伸ばす手法と一体化することで、単なる学力向上ではなく、子どもや地域社会に希望を与えるムーブメントになりうるという、本当の価値が現れてきているように思います。

○いつでもどこでも誰でもできる実践―「ぐるみ教育」へ

地域の教育の再生は、年収と学力というような、そのような表面的な教育の理解ではなく、人間というものが成長するためには本当に何が必要なのか。それは、子どもたちを確かに伸ばしていく教育手法と、それらを具現化していく大人たちのネットワーク。そしてその中心に、確かなリーダーがいること。それを一言で言うのなら、学校ぐるみ、地域ぐるみの「ぐるみ教育」です。

私の師匠の岸本裕史先生は、かつて、読み書きの反復学習を、「いつでもどこでも誰でもできる実践」と、喝破されました。それは、いつでもどこでも誰でもできるから、全ての大人たちが参加し、協力できるということを意味しています。今後、「ぐるみ教育」が、真に花開き、より多くの地域や学校、人々に伝わっていくことを願っています。

第5章

「ぐるみ」の指導の重要性

地域・学校・学年で徹底反復に取り組む②

徹底反復研究会　副代表
山根僚介

○隠れ切支丹

①百ます計算

私が奉職した19年前、百ます計算の取り組みはあまり積極的には行われていませんでした。「ストップウォッチで子どもを追い込むのか」とか、「計算の速さで子どもを順序付けるのか」など、批判の声のほうが大きかったと思います。そんな中、百ます計算を実践している先生方は決して世には出さず、まるで隠れ切支丹のようにひっそりと実践を積んでいました。若かった私は、百ます計算の存在は知っていたものの、実践する行動にまでは至りませんでした。

②ICT活用

初任校で私はすぐに情報担当になりました。当時はようやくWindowsパソコンが一般的になった頃で、パソコン教室にWindows98のデスクトップパソコンが整備されていました。しかし、パソコンでやっていたことといえば、マウスでのお絵描きを図工や生活科で少しだけ触る程度でした。先輩の先生方の中には「苦手だから」の一言で全く関わらない先生もいました。また、私は私用のプリンタを職員室に持ち込み、自分用に使っていました。それで子ども用のプリントを印刷していたら、あるベテランの先輩から「そんなパソコンなんかでやっていると、先生なんかいらなくなるね」と言われる始末でした。あまり堂々とＩＣＴ活用をする雰囲気がなく、やはり隠れ切支丹のように目立たないように使っていました。

③漢字前倒し

5年目に異動となり、陰山校長とともに尾道市立土堂小学校に赴任しました。ここでは、百ます計算やＩＣＴ活用は当たり前に実践することができました。やはり、陰山校長のリーダーシップが大きかったのを覚えています。学校長がバックで応援してくれるという安心感がありました。いつの間にか私は、子どもに力を付けるために何をすればよいかを本気で考えていました。決して百ます計算やＩＣＴ活用を押し付けられたのではなく、自分たちで選択して取り組んでいきました。これも陰山校長のマネージメント力が大きかったと思います。

ここで初めて取り組むことになるのが漢字前倒し学習です。4月中に1年分のすべての漢字を指導し、残りの11か月で練習していく指導法です。この指導法はかなり有効で、学期末漢字テストでは平均点が90点以上になります。しかし、世間一般的に漢字指導とは単元ごとに行うものであり、前倒し学習は詰込み学習との批判がついて回ります。とは言え、普通の指導では6年生の全国平均点は50点程度。前倒し学習の方が有効なのは明らかです。土堂小学校では、漢字検定に全校児童が受検し、96％の合格率を記録しました。

そこで私たちの仲間が自校の自分の学級で漢字前倒しに取り組もうとしました。しかし、残念ながら実践できないことが多かったのです。まずは学年主任。「学年の足並みを揃えなさい」とストップがかかります。単学級で自分の裁量でできる環境でも、研究主任や教務主任から「そんな無茶なやり方聞いたことない」と止められます。最終的には管理職からも「そんなやり方を認めたら、学校全体で認めたことになる」という理屈で止められてしまいました。

そこで、普通に漢字ドリルを購入し、ひっそりと学期ごとの前倒し学習を行うこともありました。隠れ切支丹のように。

○学校ぐるみの取り組みにするためには

①現在、百ます計算をやらない学校の方が少なくなりました。この20年で随分と認知が進んだものです。これは、陰山先生が様々なメディアで周知を図ってきたことが大きいです。得体のしれないよく分からないものには中々手が出せないものです。百ます計算の有効性が分かり、実際にやっている同僚が増えることで、これまでやっていなかった先生も取り組むことができる環境になってきました。ここで言えるのは、【誤解を解き、正しい理解を広める】ことです。

②ＩＣＴ活用も随分進みました。麻生内閣のスクールニューディール政策によって日本中の多くの学校に電子黒板などのＩＣＴ機器が導入されました。そして平成26年からは「教育のＩＴ化に向

けた環境整備4か年計画」が実行され、例えば18学級の小学校であれば564万円の地方交付税交付金が措置されています。これによって多くの自治体が学校の情報化を推進することができました。それに伴い、ICT活用についての研修も行われ、ICT活用への無用な誤解も消えつつあります。

③漢字前倒しはまだまだ認知されていません。ところが、校内研修などでお伺いした学校で校長先生とお話ししていると、意外にも教諭時代に漢字前倒しをしていた方とよく出会うのです。私を校内研修にお呼びくださるくらいですので、かなり柔軟な思考ができる校長先生です。常に子どもたちと正対し、前評判などに囚われずに、最も有効な方法を推進される力があると拝察しました。そんな校長先生の学校では、因習を排し、真に子どものためになる教育が展開されます。前倒し学習も容易に実施できます。やはり、学校ぐるみの取り組みを創るには【学校長のリーダーシップ】が何より重要だと断言できます。

○自分にできること

自分は今、教務主任です。【学校長のリーダーシップ】のもと、様々な取り組みを推進しています。新しいことをするときにはどうしても誤解や軋轢が生じます。先生方の【誤解を解き、正しい理解を進める】ためにも、有益な情報を提供し、無用な因習を排し、働きやすい職場づくりに貢献していきたいと思います。そして少しでも子どもたちに力を付けていきます。そう、【全ては子どもたちのために】。

第6章

家庭と共に

家庭学習、宿題を考える

第6章

家庭と共に

家庭学習・宿題を考える①

徹底反復研究会　代表
陰山英男

○学力は、いつ伸びるのか

学力はいつ伸びるのでしょうか。

おそらく多くの人は、「授業で伸びる」と答えるに違いありません。私もずいぶん長くそう思っていました。

しかし、授業というのは、友達がいて先生がいて、分からなければ教えてもらうこともできます。その時は分かったような気になっていても、後になって、実は分かっていないことに気付くことが多いものです。

では、いつ子どもたちは学力を伸ばすのでしょうか。

それは、宿題をするときだと私は思うのです。

宿題をするときは、教えてくれる友達や先生はいません。分からなければ、ノートを見返したり、自分自身で調べ直す必要があります。しかし、勉強嫌いな子どもたちは、そもそもノートをきちんととっていません。結果的に、宿題をすることができず、翌日学校で、「忘れました」という言い訳をすることになるのです。

そうであれば、宿題がしっかりできるように、授業で指導されていることも大切です。

私自身、子どもたちの学力をつけるため、授業中の発問や構成を考えるのに時間を費やすのではなく、宿題のプリントを自分で作ることに努力し始めたころから、見事に子どもたちの学力は高まり始めたのです。

○授業を補強する宿題

宿題は、授業を補強するものであり、宿題をすることで、翌日の授業に耐えられる基礎的な力を蓄える営みでもあります。ですから、その日の授業の様子を見ながら宿題を作り、指導をしていたのです。

では、漢字の書き取りの宿題はどうでしょうか。

繰り返し漢字を書くことで、子どもたちは漢字を覚えていきます。誰しもそう思っているでしょう。ところが、最近そうではないということが分かってきました。

私は、佐賀県のある学校で、新出漢字の指導の示範授業をしました。ところが、前日まで仕事が大変混み合っていて、極度に疲れた状態で授業に入ってしまい、私はやってはならないとんでもないミスをしました。それは、漢字の一画を飛ばして、嘘の書き方を教えてしまったのです。その学校の校長先生が間違いに気付き、私に指摘をしてくれ、すぐに子どもたちに修正の指示をしました。そこから1、2分の漢字練習をさせた後、習った漢字のテストをしたのですが、そのとき、驚くことが起きました。

それは、本来漢字を間違うはずのない賢い子どもたちが、私が教えた嘘の字を書いてしまっていたのです。そこで私は、はっとしました。

子どもたちは、宿題で漢字を書いて覚えているのではなく、最初の一回目で書いた書き方で、その漢字を覚えていたのだとはっきり分かったのです。

となると、その子たちにとって、家に帰って漢字練習を何度もするのは、あまり意味のあることではありません。また、最初に教わった時、宿題で覚えればいいとばかりに集中せずに漢字学習をしていた子どもたちは、家に帰って練習したところで、きちんと覚えはしません。そう考えると、当たり前のように百字や二百字の漢字を宿題として書かせているのは、全く意味のない取り組みだということになります。

別の学校でも新出漢字の指導をした後、1、2分の練習をしたたけで、全ての子どもたちが覚えているという経験もしました。

意義のある宿題と、意義のない宿題。私たちは、習慣として当たり前のように宿題を出していることが多いわけですが、本当に効果のある宿題は、もっと考慮されなければならないでしょう。そして、宿題をすれば学力は伸びるんだと、子どもたちが自然に思えるようになれば、宿題忘れもなくなってくるのではないでしょうか。

子どもたちがつまずくことなくきちんと宿題をこなしていくためには、学校の授業が重要になってきます。つまり、宿題の内容がどのようになるのかを想定しつつ授業をすることが重要なのです。また、宿題がきちんとできているということを前提として授業に取り組まなければ、学力は積み重なっていきません。つまり、授業と宿題は一連の過程の中できちんと構成され、これらの役割を見定めながら学力を高めていくことを意識しなくてはいけません。

○たかが宿題、されど宿題

しかし、現実的には、教科書にあるような問題をそのまま問題にしたような宿題が多く、子どもたちにとって重要な問題がその宿題の中ではその一部にとどまるというのも決して珍しくはありません。私が担任時代、子どもたちの宿題用にとプリントを自作していたのですが、これは、本当に子どもたちがやらなければいけない課題を絞り込んでさせることが重要だと考えていたからです。

無駄のない学習は、子どもたちが少し学習をしただけでもしっかりとした学力の定着につながっていきます。そうすることで、子どもたちの無駄な努力が減り、努力すればできるようになるという実感を子ども自身がもつこととなります。そして、それが自己肯定感や学習意欲につながっていくことになるのです。たかが宿題、されど宿題。私たちは、本当に効果的な宿題を、一度ゼロから考えてみる必要があると思います。

第6章

家庭と共に

家庭学習・宿題を考える②

徹底反復研究会　愛知支部
髙木義将

○誰のための宿題か

宿題とは、誰のためのものなのでしょうか。当たり前ですが、子どもたちのためのものであるべきです。

私は、算数授業の少人数指導教諭として（ティームティーチングのT２）、校内のいろいろな学級に入らせていただいていた時期があります。そこでよく目にしたのは、黒板の端に書かれた、「忘れ物」をした子どもの名前です。「絵の具」とか「書写セット」くらいならまだいいのですが、見ていて一番心苦しくなるのが、宿題を忘れた子どもの名前の板書です。

「計ド17－〇〇」「漢ド25－〇〇」（〇〇の中には子どもの名字が書かれている）という板書を見るたびに、私は胸がぎゅっと苦しくなります。名前が重複する子どもも多く、そういう子は決まって学力が低かったり、家庭の目が行き届いていなかったり、自尊感情が低かったりします。

先生も朝から宿題の取り立てに躍起なので、彼らへの叱責も増えます。叱責というのは、それを聞いている周りの子どもの心も冷やすので、学級全体が重たい空気に包まれた中でのスタートとなります。宿題ができない子どもを叱るのではなく、教師は彼らがなぜ宿題をすることができないのかについて思いをめぐらせたり、彼らに力を付けることのできなかった自分の指導を振り返ったりするべきです。そして彼らへの対応や指導の「次の一手」を考えるべきでしょう。

○保護者からのクレームや学年間のトラブルを生むくらいなら…

習いごとや塾に通う子どもたちが増えているということもあり、学校から帰った後も忙しい子どもが増えてきました。そのことを考えると、私個人としては、あまりたくさんの量の宿題を出すことに抵抗があります。本音を言うと、宿題を出したからには、その丸付けや評価を行わなければならず、さらには提出したかどうかのチェックも行わなければならないため、宿題は出したくありません。それでも、「出さない」となると保護者からの不満も生まれるでしょうし、毎日たくさんの宿題を出している学年の先生からも、疎ましく思われることもあると思います。ありきたりな意見ではありますが、保護者からのクレームや、学年間のトラブルを生むくらいなら、宿題は「ほどほどに出す」のがよいと思います。

○宿題のあるべき姿

最近の学級懇談会では、必ず保護者の方に子どもたちの家庭学習の様子について話をしてもらっています。話し合いが終わったあとに、私が保護者の方におすすめするのが、子どもに台所の近く（リビングなど）で勉強をさせてほしいということです。別につきっきりで宿題を見なくてもいい、台所で夕飯を作りながらなんとなく気にかけているだけでいい、音読の宿題も背中で聞いてあげればいいですよ、と保護者の方に伝えています。

宿題は一人で行うのが基本だと思いますが、子どもは親が近くにいると安心するものです。べったりつきっきりでもない台所の近くでの勉強が最適だと思います。これはあるTV番組で見ましたが、リビングにホワイトボードを置くことによって、子どもと宿題について話したり、解き方について教えやすくなったり、子どもの集中力が持続したりするそうです。

○ます計算の「お土産」

私の学級では、どの学年を担任しても毎朝ます計算に取り組ませています。毎朝取り組ませていると必ず子どもたちのタイムは上がってきます。ただ、その子どもたちの「伸び」をさらに加速させるためには、朝だけではなく午後にもます計算をした方がよい、と陰山メソッド実践校の先生に教えていただきました。朝夕2回のます計算が、子どもたちを劇的に変えるのだそうです。

ですが現実は難しく、学校行事で忙しかったり、時間割の縛り（専科の授業など）が強かったりして、朝夕2回のます計算の時間はなかなか取れません。そこでます計算の「お土産」を子どもたちに渡すことにしました。つまり、学校が終わった後の家庭でます計算に取り組んでもらうということです。

この「お土産」の渡し方にはポイントがあります。それは、「希望者のみ」に渡すということです。宿題として全員に強制してしまうと、それまで楽しく意欲的にます計算に取り組んでいた子ども、ます計算が「やらされるもの」に変わってしまい、逆効果となりかねません。一番おすすめしたいのが、朝にます計算を行った後、「あまりがあと○枚くらいあるんだけど、ほしい人いますか？」と子どもたちに聞き、希望する子どものみに渡すことです。「先着順、一人2枚までね」などと言って、「限定感」を出すと、わあっと子どもたちがやってきます。そうやって学級内にます計算へ取り組む「渦」をつくっていくのです。これは一種の同調圧力（ピアプレッシャー）を利用したやり方ですが、こういう向上的な空気はどんどんつくっていった方がよいと思いますし、たとえ「お土産」のプリントを取りにこない子どもがいても、その子を叱ることは絶対にしません。やる気のある、意欲に満ちた子どもたちをほめ、頑張りを認めてあげるだけでよいのです。

○暗唱の宿題

私の学級では、暗唱させたい詩を集めた「暗唱ファイル」を子どもたち一人ひとりに持たせています。詩の左端にチェックボックス（□）を10個ほどと、星形のマーク（☆）を1つ記載し、1回音読できたらチェックを入れ、暗唱できるようになったら星形を塗りつぶすように指示します。これを宿題として子どもたちに出します。

授業では国語の時間の初めに詩の斉読をさせ、「一人で暗唱できるようになった人？」と聞き、友達の前で暗唱に挑戦させます。できたら、黒板の端に貼り付けたミニホワイトボードに名前を書いて、頑張りを認めてあげます。こういった自ら取り組む宿題もどんどん出してあげたいものです。

おわりに

徹底反復研究会　代表
陰山英男

私が、兵庫県の一教師として朝来町立（当時）山口小学校に勤務しているとき、同僚の先生と、「この山口小学校の実践も、自分たちが転勤すればなくなるんですかね」と言っていたことが思い出されます。それが、ＮＨＫの「クローズアップ現代」の放映をきっかけとして、広島県尾道市立土堂小学校によってシステム化の原型ができあがり、山口県山陽小野田市の地域ぐるみでの実践など、多くの学校に引き継がれ、やがてそれは福岡県で結実していったのです。

福岡県飯塚市教育委員会の真剣な構えは、今も忘れられません。

当時の片峰誠教育長は、先生方に対し、「飯塚市は、陰山メソッドでいきます」と宣言されました。個人名が入った指導法を全地域に入れるのは聞いたことがなく、私も名前を出された以上一歩も引くことができませんでした。小倉駅から飯塚市までの送迎の車内では、徹底反復学習に関するありとあらゆる質問が投げかけられました。そこで中心になって話を聞いてくれたのが、教育委員会の石井幸子先生でした。真剣な受け止め方に私も引き込まれ、全力でお話をしました。

現場復帰され、飯塚小学校の校長に就任された石井先生の力量は、すさまじいものでした。車内で交わされた多くのアイディアを一つも残すことなく実践し、なお自分の創意工夫を加えられ、子どもたちの成長は、加速しました。

そして、2017年9月。私は、飯塚小学校を視察しました。そこには、山口小学校、そして土堂小学校からつながる、学校ぐるみの徹底反復学習の完成形があったのです。

モジュール授業と授業開始前の百ます計算、そして徹底した漢字の集中指導。漢字すらも高速に書きあげていきます。計算でも漢字でも、あっという間に習得していく子どもたちの姿がありました。そしてついには、全国学力テストの結果を、他の追随を許さないレベルまで、たった1年少々の実践で高めていったのです。

では、飯塚市の実践の何が功を奏したのか。

一つ目は、学校が組織として実践を行ったことです。従来、教材や学習方法は教師に委ねられていましたが、もっとも中枢的な指導については教材をそろえ、一体的な指導を行いました。そのことで、実践の蓄積が達成されました。

二つ目は、高速化です。山口小学校時代、子どもを伸ばすためには、「限られた内容を単純な方法で、徹底的に反復させる」と考えていたのですが、徹底的、かつ高速に反復するということが加わってきました。特に漢字学習は、慌てて書かせることはないと思っていましたが、サッと書くことが、漢字をサッと覚えることにつながるということが分かってきました。

これらの地域での実践で得ることも多かったのですが、30年余り教職員として仕事をしてきてようやく出た、「勉強は集中するトレーニングである」という考えも、子どもを伸ばす一つの結論となりました。なぜ勉強しても成績があがらないのか、学習方法によってどうしてその成果が変わってくるのか。それらのことに対して、はっきりとした示唆を与えてくれるものになりました。

その結果、今まで自分自身が信じていた教育の常識が、極めてあいまいなものであったことが分かってきました。

例えば、勉強ができない子には、ゆっくりと授業を進めることがいいとされてきました。私自身も、そのような子には居残りをさせ、丁寧に教えようとしてきましたが、その結果は決して好ましいものではありませんでした。結果として、私が効果的だと思った指導方法は、もっとも典型的な問題を何度も解かせ、高速にできるようになるまでさせるというシンプルなものでした。

1番目の問題ができれば2番目の問題にいく。疑いようもない指導ですが、1番目の問題ができたからと言って、必ずしも2番目の問題がサッとできるはずはなく、勉強嫌いな子どもにとっては、苦手意識をさらに高めてしまうものでしかなかったのです。同じことを繰り返し、そして速く解けるようにする。そんな簡単な方法では何の意味もないと思っていました。しかし、1番目の問題がサッと解けるようになってから2番目の問題に取り組んだ方が、2番目を解くスピードが速かったのです。そしてそのことが、子どもにとって、意欲や自信につながっていくのです。

また漢字学習では、1年分の漢字を最初に全部教えてしまうことは、とてつもなくハードルの高い無理難題だと思っていました。しかし、実際に集中して教えてみると、子どもはあっという間に覚えてしまう能力をもっていることも分かってきました。

では、なぜそうした指導をしてこなかったのか。

それは、「子どもがそう簡単に漢字を覚えられるはずはない」と勝手に思い込み、集中して書けば授業中に覚えられる漢字をその日の宿題にし、翌日にテストをするのが一般的な指導のため、授業中の書き取りは作業としてただ書いているため、定着しにくいことも分かってきました。

まして、5回や10回も同じ漢字を書くことは、学習に対する集中をむしろ下げる意味しかなく、もはや漢字練習帳などは、漢字を覚えられなくするためのノートにしか思えなくなってきました。また、長時間学習に取り組むことは、子どもの集中力をそぐものであり、できる限り短時間で学習を終えることが子どもの学力を高める道筋だったのです。

徹底反復学習は、短期間で子どもを劇的に伸ばすことができます。それが学校ぐるみや地域ぐるみになることで、積み上げによる学習能力の向上を生み出すことがはっきりしてきました。単に学力が高いだけではなく、体力的にも向上し、明るく前向きになり、問題行動も消えていきました。

徹底反復にこだわった30年の教師生活。その中で私は、指導に関する常識が極めていい加減なものであり、その虚飾をそぎ落とすのに30年間かかってしまいましたが、徹底反復学習はいまだ発展途上にあります。30年間の教師生活のゴールと思っていた地点は、恐るべきことに、スタートラインだったのです。正直に言うと、私にとってのゴールラインをスタートラインにできる若い先生方が少しうらやましく感じられます。

この実践の本の中から、本当に子どもを伸ばす学習方法の本質を知り、徹底反復のさらなる高みをつくっていってくれる若い力の登場を私は期待しています。

本書は、徹底反復研究会会員向け機関誌「學而」（季刊）に掲載された原稿を加筆・修正するとともに、新たに書き起こした原稿を加えて、1冊にまとめたものです。

著者紹介

陰山英男（かげやま・ひでお）

1958 年兵庫県生まれ。兵庫県朝来町（現朝来市）立山口小学校在職当時、百ます計算やインターネットの活用等により学力向上の成果を上げる。2000 年 10 月に NHK テレビ「クローズアップ現代『学校は勉強するところだ　～ある公立小学校の試み～』」で取り上げられ、大きな反響を呼ぶ。公募により 2003 年 4 月から広島県尾道市立土堂小学校の校長に就任。以降、「基礎・基本の徹底」と「早寝・早起き・朝ごはん」に代表される生活習慣の改善による学力向上運動に取り組む。2006 年 4 月から立命館大学教育開発推進機構教授。2017 年 3 月に退職後、教育クリエイターとして活躍中。全国各地で学力向上アドバイザーを務める。一般財団法人基礎力財団理事長。ドラゼミ総監修者。NPO 法人日本教育再興連盟代表理事。徹底反復研究会代表。

【徹底反復研究会】 ※ 50 音順

小西範明（神奈川支部）
島田幸夫（中国支部）
髙木義将（愛知支部）
山崎敬史（事務局長・大阪支部）
山根大文（中国支部）
駒井康弘（東北支部）
鈴木夏來（神奈川支部）
中國達彬（中国支部）
山下隆行（埼玉支部）
山根僚介（副代表・中国支部）

徹底反復で子どもを鍛える

2017 年 11 月 30 日　第 1 刷発行

著　者／陰山英男・徹底反復研究会
発行者／中村宏隆
発行所／株式会社　中村堂
〒 104-0043　東京都中央区湊 3-11-7
湊 92 ビル 4F
Tel.03-5244-9939　Fax.03-5244-9938
ホームページ　http://www.nakadoh.com

編集協力・デザイン／有限会社タダ工房
印刷・製本／モリモト印刷株式会社

ISBN978-4-907571-40-5